心がどんどん強くなる

超メンタルアップ10秒習慣

飯山晄朗
JIRO IIYAMA

大和書房

心がどんどん強くなる

超メンタルアップ10秒習慣

仕事や家事が**しんどい**…

同じような日々に**うんざり**…

嫌なこと続きで本当に**つらい**…

何も変わらない自分に**イライラ**…

「ダメなのは分かっているけど動けない」

そんな人に試してみて欲しい動作があります！

←

両手をギュッと握る

そのまま両手を大きく上にあげる

「よっしゃー！」と声を出しながら…

全力で振り下ろす

よっしゃあ!!

シン・ガッツポーズ!

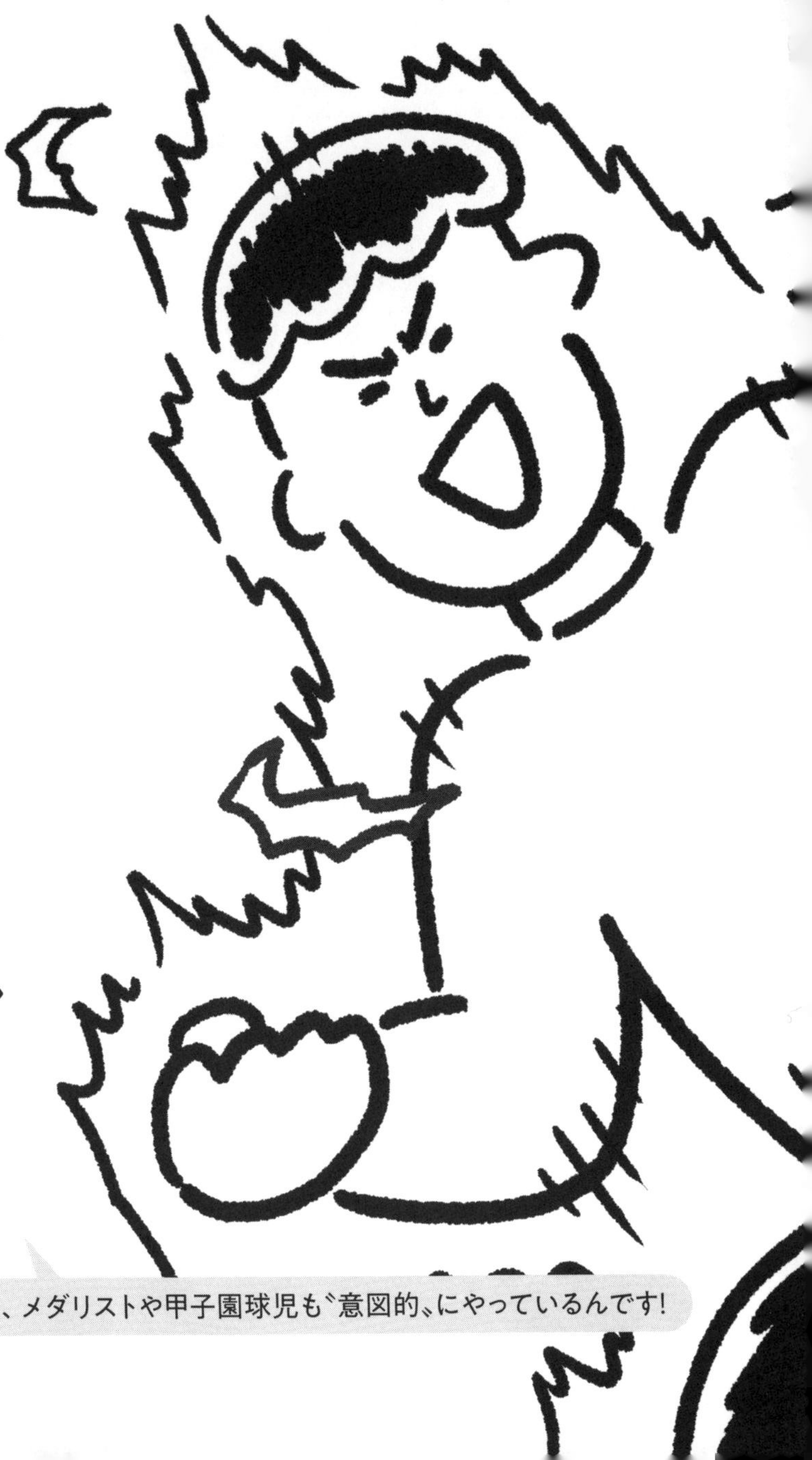
コレ、メダリストや甲子園球児も〝意図的〟にやっているんです!

なんだか、ちょっぴり**前向きな気分**に
なりませんでしたか？

いまどきのプロアスリートや甲子園球児も
メンタルアップのために〝意図的〟にやっている動作なんです。
これは**脳の機能**に基づいています。

シン・ガッツポーズの秘密

２０１９年の夏、開催された第１０１回目の甲子園で、私がメンタルサポートを務める星稜高校野球部が石川県勢24年ぶりに甲子園決勝進出を果たしました。

星稜高校のエース奥川選手をはじめ、サポート校の選手たちには、メンタルアップ動作としてガッツポーズ、雄叫びを推奨しています。

それは脳の機能に基づいているんです。

「三振にとった！」
「大事な場面で打ち取った！」
と言った嬉しい場面でガッツポーズをすることで、
そのときのプラスの感情とガッツポーズが
条件づけされます。

これを心理学用語では
「アンカリング」と言います。

嬉しい ＝ **ガッツポーズ**

アンカリングを行っておくことで、
マイナス思考になったときにいつものガッツポーズをすると、
そのときの嬉しい感情を引き出すことができ、
プラス思考で臨めるようになります！

あなたが落ち込んだとき、
ため息をつくのではなく
「よっしゃー」とガッツポーズをとってみる。
それだけで気持ちが前向きに変化します。
嫌なことがあったときの切り替えとしてのポーズ、
それが**シン・ガッツポーズ**なのです。

一度きりの人生、
悲しんで過ごすより、
笑って前向きに過ごす時間が
多い方がいいですよね。

あなたが
「いまがいちばん楽しい！」
「よし、やってみるか！」
と毎日をポジティブな気持ちで行動するために、
本書は生まれました。

仕事や人間関係をラクにする
シンプルだけど効果抜群の
メンタルアップ法を51個厳選しています。

私がメンタルサポートを務める平昌五輪金メダリスト髙木菜那選手などのプロアスリート、星稜高校野球部などの甲子園強豪校から経営者の方まで年齢問わず幅広く実践していただいている黄金のメソッドです。

「仕事がしんどいな」「目標が見つからないな」「気持ちが沈んでいるな」と思ったとき手にとってみてください。

いつでもどこでも、好きなページから、実践することができますよ。

あなたの望む結果が得られることを願っています。

小さな一歩から始めてみませんか？

この本を読めば、

仕事がしんどいと嘆くあなたが

上司や同僚と付き合うのが
苦手だったあなたが

気弱で不安ばかりだったあなたが

目標を見出せないあなたが

やり抜くことができなかったあなたが

人生に変わる!

失敗も「あり」だと受け止めて、
楽しんで仕事ができるようになる!

嫌な人は「珍獣」のように見え、
気にせず付き合えるようになる!

一歩踏み出す勇気が出るようになる!

ワクワクする目標を見つけて、
日常が楽しくなる!

最後までやりぬく、
自分史上最高の行動力が身に付く!

心が強くなり、前向きな

はじめに

行動が変わるから心が変わる

古豪復活のカギはメンタルトレーニング

第１０１回全国高等学校野球選手権大会で石川県勢24年ぶりに決勝進出を果たした星稜高校。今は甲子園強豪と呼ばれる同校野球部も、長年甲子園から遠ざかりチームも暗く重い雰囲気でした。

暗い雰囲気のチームを変えるため、２０１３年よりメンタルコーチとして関わり、チームにメンタルトレーニングを行うことになりました。

プレッシャーに押しつぶされている選手たち

メンタルコーチングを始めた当初、「勝たなければ」というプレッシャーに押しつぶされている選手たちがそこにはいました。

プレッシャーが強くなると、身体にも変化が現れます。キュッと縮こまってしまい、本来の力が発揮できません。

そして失敗やミスが続くと「やばいぞ」と、ますますプレッシャーが強まります。心がどんどん弱くなる…負のループが続いてしまっていたのです。

星稜高校といえば、松井秀喜さんなどプロ野球選手も多く輩出している名門高校で、選手層が厚く、もともと能力の高い選手が揃っています。

日々練習をしっかり積んでいるので、技術面、フィジカル面はしっかりついていました。

しかし、メンタル面が弱く、せっかくの実力が出せず、結果が出ない状態でした。

驚くほどの成果につながる

復活へ向けて、選手たちをメンタルアップさせるためのトレーニングを徹底的に行いました。

その結果、トレーニングを始めた２０１３年にいきなり６年ぶりの夏の甲子園出場。

２０１４年には石川県大会決勝で９回０－８から一挙９点とって歴史的大逆転勝利で甲子園出場を決めると、同校として16年ぶりに甲子園で１勝を挙げベスト16に進出。

２０１６年夏も甲子園出場を果たします。

２０１８年春のセンバツでは23年ぶりのベスト8に進出。

同年夏も甲子園に出場し、２回戦で高校野球史上初のタイブレークでの逆転サヨナラ満塁本塁打で敗戦。この敗戦を糧として、２０１９年の春、夏と４季連続甲子園出場を果たし、２０１９年夏には24年ぶりの準優勝。

そして新チームとなった同年秋の石川県大会、そして北信越大会でも圧倒的な強さを発揮して優勝。

２０２０年春のセンバツ甲子園出場を確実なものにしています。

自分でも驚くほどの成果になりました。

このような近年の大活躍の裏には、メンタル面に力を入れてきたことが大きな要因となっているのは間違いありません。

心が折れそうになったときに真価を発揮する

特に２０１９年夏の甲子園３回戦での智弁和歌山との14回タイブレークの激戦は甲子園史上に残る名勝負となりました。

〝事実上の決勝戦〟とも言われたこの一戦はまさに激闘でした。

試合は１－１のまま延長戦へ突入。

それでも決着がつかず今大会初めてのタイブレークに突入。

「何度も心が折れそうになったが、強い気持ちで投げきることができた」

とエースの奥川選手が試合後のインタビューで話していました。

試合で何度も繰り出したメンタルアップ動作

なぜ何度も心が折れそうになっても強い気持ちで臨むことができたのか。

ここにメンタルトレーニングの効果が表れています。

日本一と称される智弁和歌山の強力打線と対峙して怖くないわけがありません。

奥川選手はマウンドで何度も吠えました。

何度もガッツポーズをしました。

何度も笑顔になりました。

そうした動作を行なうことによって、感情をコントロールして投げ抜き、終わってみれば23三振を奪う快投を見せました。

メンタルトレーニング指導で話したことをしっかりと実践してくれていたことが成果に

つながっていました。

試合はクライマックスへ。14回の守備につく際に主将の山瀬選手がベンチ前で「必笑でいくぞ！必笑！」とチームテーマを引き合いにして満面の笑顔で仲間たちを鼓舞します。14回表を守りきり、その裏に福本のサヨナラ3ランホームランが飛び出し激闘を制しました。

日本女子テニス界16年ぶり快挙も「心の強化」

高校野球に限った話ではありません。

他にも女子プロテニスプレーヤーの日比野菜緒選手のメンタルコーチも務めていますが、２０１９年に広島で開催されたＷＴＡ（Women's Tennis Association：女子プロテニスを統括する団体）ツアー公式戦ジャパンオープンで、日比野選手がシングルス・ダブルスで優勝を果たしました。

日本人女子がシングルス・ダブルスの2冠を果たしたのは、２００３年10月に杉山愛さんがオーストリア・リンツの大会で達成して以来。約16年ぶり5回目という快挙です。

東京オリンピック出場に向けて大きな弾みがつきました。

日比野選手は、世界の強豪を相手に何度も心が折れそうになりましたが、その都度気持ちを切り替えて次のプレーに集中することができていました。

試合中に相手選手のプレーで「うわぁ、やっぱりすごい」などと思い、弱気になってしまうことがあります。

そのときにしっかりと強気の気持ちをつくれるように、「言葉や動作」で気持ちを切り替えるスイッチをつくっておくのです。

メンタルの強い選手は必ず大事にしていることです。

詳しくは後ほどお話ししますが、このような「言葉・動作」がメンタルアップには大変重要になってきます。

あらゆる分野で「心の強さ」が重要

また、スポーツの分野だけではなく、技術の分野でもメンタルトレーニングの効果が発揮されています。

サポート企業がメンタルトレーニングを開始してから全国技能五輪で2連覇を果たし、ロシアで開催された技能五輪国際大会で見事金メダルを獲得。

世界一に輝きました。

スポーツのオリンピックだけではなく、技能のオリンピックでも金メダルに貢献できたことは本当に嬉しい出来事でした。

スポーツに限らず、ビジネスの現場でもコーチングをきっかけに多くのビジネスパーソンが成果を発揮しています。

あるいは、引きこもりの学生がメンタルトレーニングのおかげで無事志望する大学に合格できた例まであります。

「人間関係に悩む方」
「目標を見いだせない方」
「やる気が起こらない方」

そんな方にとって、メンタルを強化することは、大変に役立つことだと確信しています。

本書は、そんな方たちが「望む結果を得るために」心を強くする方法を凝縮しました。

行動が変わるから心が変わる

本書でご紹介するのは、大脳生理学、心理学を用いた画期的なメンタルトレーニング法です。

実は、私たちの脳は「入力（思い）よりも出力（言葉・動作）をより強く記憶する」という法則があります。

このことを利用して言葉や動作を使って感情をコントロールする方法を伝えています。

私たちはとかく入力（心、思い）を変えようとして苦しむことがあります。

「前向きな気持ちにならなければ」
「やる気を出さなければ」
と思えば思うほど、実際にそうなれない自分とのギャップに苦しみ、ますますネガティブに陥ってしまうのです。

しかし、脳の機能と法則を知れば、心そのものを変えようとするのではなく、言葉や動作を変えれば心を変えることができることがわかります。

つまり「行動を変えるから心が変わる」のです。

さあ「心を強くする」レッスンを始めよう

このことを本書では誰にでもすぐにできるメソッドにし、「4コマ漫画」でサッと10秒ほどで理解できるようにしてあります。

まずは4コマ漫画でポイントを理解し、その後、具体的にどのようにすれば良いかを説明しています。

どこからでも読めるように構成していますので、置かれた状況や自分の状態に合った箇所を読んでいただければと思います。
10秒で理解して、実行に移せる習慣をぜひ実践してみてください。

夢や目標を実現していくためのお役立ちができる。
これが最良の喜びです。

本書を読み実践することによって、毎日の生活や仕事を楽しみながら、望む結果を得ていく人が一人でも多くなることを願っております。

超メンタルアップ
10 秒習慣

CONTENTS

第1章

心の弱さを解消する

「心が疲れている状態」から「心がラクな状態」へ

第2章

人間関係疲れをなくす

「人間ぎらい」から「人付き合いが楽しい」へ

第3章

真のポジティブ思考を得る

「気弱な自分」から「一歩踏み出す自分」へ

第4章

目標達成への近道

「無意味な人生」から「自分がワクワクする人生」へ

第5章

行動する自分になる

「行動できない自分」から「やり抜く自分」へ

第1章

心の弱さを解消する

「心が疲れている状態」から「心がラクな状態」へ

01

なんでもいいから毎日「1」積み上げる

「自信がない」「自己肯定感が低い」と感じてしまう理由の一つは、成功体験の少なさです。

「どうせ自分には無理だな…」と悲観している人は、とにかく何かを足して具体的な行動を積み重ねましょう。大きなことをドカンと行なう必要はありません。

馬鹿馬鹿しいと思うくらい小さなことを1日に「1」積み上げていけばいいのです。

Ｔｗｉｔｔｅｒで好きなことを発信してみる。

英単語を一つ覚えてみる。

トイレを掃除してみる。

など、なんでも構いません。

私自身も会社員時代は、何をするにも途中で挫折する時期がありました。なりたい自分を描いて何を足すかを考えた結論が、毎日ブログ、メルマガを書くことでした。

何度か挫けて更新が途切れたこともありましたが、その度にまた「1」を足していき、延べ14年間ほぼ毎日更新し続けて今年中には５０００本に到達する予定です。

何より「1」積み重ねることで、どんどん自分に自信がついていきました。

結果として著書も多数出版でき、年間５００本以上の講演を行なえるまでになりました。

小さな一歩の積み重ねで毎日〝自分超え〟してみましょう。

小さなことを1日1つ積み上げて毎日「昨日の自分超え」をする

02

愚痴をこぼすのではなく感動の涙をダラダラ流す

グチグチ
でさ〜
上司のヤツがさ〜
サイアクで〜
グチグチ
映画館
ホント
ムカツクー
感動したー!!
ダラダラ〜
めっちゃスッキリー!!

「涙を流すのは弱虫なんじゃないか」

と考えている人もいるかもしれませんが、実は「感動の涙」を流すことは「あること」にとても効果的なんです。

それは、「ストレスに強くなる」ということです。

感動の涙を流す涙腺は、副交感神経のコントロール下にあり、涙が交感神経から副交感神経へのスイッチの役割を果たします。副交感神経が優位になることで、緊張状態を緩めて、リラクゼーション効果をもたらすのです。

「感動の体験なんてなかなかないよ」という人でも大丈夫。

実は、脳は現実のことか空想のことかを区別できません。

つまり、

「本や映画を見て感動した」

「スポーツ観戦して感動した」

など、何かに触れて感動したということでもオッケーなのです。

皆さんも日々、様々なプレッシャーを受けていると思います。

感動して涙を流す体験を増やして、降りかかってくるストレスに強くなりましょう。

感動して涙を流す体験は「ストレスに強くなる」効果がある

03

下を向くクセをなくし笑顔を作るクセをつくる

0対8
あ～ピンチきたきた～
ニッコリ
やってやんぞ～
ビュー
ホームラン!!

「ミスをしてしまった」というときは誰でもガックリして、ため息をつき下を向いてしまいますね。これは仕方のないこと。

こんなときだからこそ、意識してポジティブな態度や表情をつくりましょう。

脳は思いよりも言葉や態度、表情に影響されやすく、ポジティブな態度や表情をすると心もそうだと錯覚して、その通りに思いが変わるのです。

２０１４年の夏の高校野球石川県大会決勝で起きた歴史的大逆転劇があります。

星稜高校対小松大谷高校の試合は９回表が終了して０対８。星稜が絶体絶命の大ピンチから、９回裏に９点取って逆転サヨナラで甲子園の切符を手にしました。

このときの星稜の選手たちは「笑顔」で戦っています。

心がポジティブになっているから「負けている気がしない」のです。

しかもこの大ピンチを楽しんでいました。「どんな状況でも楽しむ」ことを教えてきたので彼らはそれを実践してくれたのです。

苦しい場面では、気持ちをプラスに切り替えるために「面白くなってきた」と言って笑顔をつくってみましょう。

脳がプラスの状況だと錯覚して、プラス思考で臨めますよ。

笑顔をつくると脳がだまされプラス思考へと好転していく

04

寝る前は不安なことではなく「いいこと」を描いて寝る

否定的な場合・・・
今日もうまくいかなかったなぁ・・
ううう・・・
ううう・・・
良いイメージの場合・・
なんだかんだ良いことあったなぁ
スヤスヤ
zzz

脳は最後を強く記憶します。

そして、1日の最後は寝るときです。実は、脳は寝た瞬間にその日1日を再生しているのです。

1日中肯定的な思いになる出来事ばかりだったとしても、寝る前に否定的な思いになりながら寝ると脳は最後を強く記憶するため、マイナスのイメージトレーニングをしていることになってしまいます。

逆に、1日中否定的な思いになる出来事ばかりだったとしても、寝る前に肯定的な思いをつくってしまえば、肯定的な思い出として記憶してくれるのです。

つまり、「1日をどのような思いや感情で終わるか」がその日の良し悪しを決め、ひいては夢や目標を実現するための未来をつくる上でとても重要になるのです。

この「脳のゴールデンタイム」に成功の実現イメージを描くのです。

もし、成功のイメージが描けなくても「今日はいい日だったな」と言って眠りにつくだけでも構いません。

1日が嫌な日でも寝る前にグダグダ悩むのはやめて、プラスの思いを描いてサッと寝てしまいましょう。

嫌な1日だったとしても寝る前に「いい日だった」と言えばいい

05

メダリストも実践する「できたこと」日記

さて、今夜も…
ス…
DIARY
今日できたこと
書き出しタイム
といきますかっ
腹筋
カキ
カキ
ブログ更新
あれもできた
カキ
カキ
これもできた
気持ち
リセーット!!
ポジティーブッ!
カチッ
おやすみー!!

オリンピックを目指すトップアスリートに対して「日記を書くこと」を勧めていますが、おそらく通常の日記とは内容がちょっと違います。

というより、日記を書く「目的」が違うといったほうがいいかもしれません。

通常は「勉強のために」「確認をするために」といった目的が多いと思います。

私が求める日記の目的は「気持ちのリセット」です。

そのための書き方があるんですね。

それは「今日できたこと」を羅列することです。

1日を振り返って、できたことを思い出しながら、些細なことでもいいので書き出していきましょう。

「腹筋を10回できた」「ブログを更新できた」「自炊できた」など、思いつく限りで大丈夫ですので、書いてみましょう。

できたことを積み上げていくと、自分の中でポジティブな感情につながり、1日の嫌な気持ちや不安な気持ちも晴れて、気持ちがリセットされていきます。

寝る前に日記を書いて、1日を終えるという「気持ちのリセット」習慣ができると最高ですね。

1日の終わりに「できたこと」を書き出して気持ちをリセットする

06

否定的な口癖に対処する魔法の言葉

オレにはどーせムリだ…
ドゥクシ
ビュ
いっ…痛いっ!!
今のはナシ!!
グリ
グリ
ポーイッ
フーっ危なかった…

「どうせ自分にはできない」などの否定的な口癖は、深刻なダメージをメンタルにもたらしてしまいます。

日本では昔から言霊信仰がありますが、これは単なるスピリチュアルな話ではなく、脳科学の観点でも、言葉には不思議な力があることが実証されています。

というのは、脳には入力（思い・イメージ）よりも出力（言葉・動作）を信用する性質があるためです。つまり、プラスの言葉を口に出せば、その影響を受けて脳はプラス思考になりますし、逆に、マイナスの言葉を口に出せば出すほど、脳はどんどんマイナス思考になります。

とはいえ、否定的な口癖はよくない、と頭でわかってはいても、ついつい「疲れた」とか「もう嫌だ」など、口に出してしまう人もいることでしょう。

そういう人におすすめなのは、否定的な言葉の効果を打ち消す方法です。否定的な言葉を発した後、『今のはナシ』と口に出し、手で目の前を払いのける動作をしましょう。

脳は後者の出力をより強く記憶するようにできています。つまり、脳は〝終わりよければすべてよし〟です。否定的な言葉を発したら、後からそれを打ち消すことによって、マイナスをプラスに転じることもできるのです。

否定的な言葉を使ってしまったときは即「今のはナシ」と言葉にする

07 過去の失敗は全部捨てる

今までの失敗
オレは失敗を背負って進むんだ・・・
今日も・・・
今までの失敗
よいしょ・・
今日の失敗
ダ、ダメだ・・重すぎる〜!!
ドサッ
あれ?
無いちが楽に歩けるー

「失敗した時に反省する」ことがあると思いますが、「なぜ、失敗してしまったのか」という過去のことを考えるのではなく、「今後どうすればうまくいくのか」と未来のことを考えるようにしましょう。

過去の失敗のことを考えると、どうしてもネガティブな感情が生まれてしまいます。

「ああ、本当に自分はダメだな…」と考えてしまいがちです。

「未来の成長した自分」を考えればむしろポジティブな感情になり、行動力が生まれるものです。

あなたが、もし職場で上司の立場、先輩の立場になったとして、部下や後輩が失敗した時も同じことが言えます。

部下や後輩のことを本当に思うなら、「反省させよう」とするのではありません。

「成長させよう」と考えてあげましょう。

大切なのは「部下に責任を取らせること」ではなく「部下を成長させること」なのですから。

失敗した時に優先すべきは「今後どうすればうまくいくのか」ということです。

失敗した過去のことよりも「未来の成功」のことを考える

08

「焦っちゃいけない」ではなく「落ちついていこう」

否定形
あせってはいけない・・・
考えるほど・・・
あせってきたぞ・・・!!
肯定形
落ちついていこう・・・
よしっ

「〇〇してはいけない」と言うと、「〇〇してしまう」ことがよく起こります。

ダイエットのために「おやつを食べてはいけない」と言われると逆に食べたくて仕方なくなるものです。

なぜ、そうなるかというと、脳は否定形の言葉をイメージするのが苦手だからです。

「〇〇してはいけない」と言われると、逆に〇〇の部分を強くイメージしてしまうのです。

ならばどうすればいいのか。

それは脳が否定形の言葉のイメージが苦手なので、逆に肯定形の言葉を使えばいいのです。


「焦っちゃいけない」なら「落ち着いていこう」

「お菓子を食べてはいけない」なら「野菜を食べよう」

「不良品を販売しない」なら「確認を徹底しよう」


肯定形の言葉はプラス感情を生み出してプラス思考にさせます。

「〇〇してはいけない」ではなく「〇〇しよう」の心がけが大事です。

物事を成功させるためには、プラス思考が大前提です。

言葉の使い方にも気をつけましょう。

「〜してはいけない」という言葉遣いをやめてみる

09 壁にぶつかったら誰かのためにやってみる

あ〜♪
あ〜〜っ
ベン ベンベン〜♪
はぁ・・全然
うまく
ならない・・
もー
やめよっかな・・
そうだ来週
ヨシ子ちゃんの
誕生日だなぁ
翌週
ハッピバースデー
ヨシ子ちゃーん〜
上手〜!!
ヨシ子ちゃんの
ために練習
したんだよーっ

実は、自らの喜びのために仕事をしている人は、「所詮こんなものだ…」「どうせ自分なんて…」と簡単に諦めやすい傾向にあります。

「自分のため」にやっていると、モチベーションの限界がすぐにやってくるからです。

私がメンタルサポートをする平昌五輪金メダリスト髙木菜那選手にも「誰かのために」を強く意識するように指導していました。

「金メダルを取る」という目標に加えて、「なぜ金メダルを取りたいのか?」という理由が大事だからです。

そこが自分のためだと目標実現が難しいのです。それは「逆境や壁にぶつかると自己防衛本能が働いて諦めてしまう」からです。

しかし、「喜ばせたい人」がいれば別です。

自分のためであれば諦めやすくても、喜ばせてあげたい、幸せにしたいという人がいたらなんとしても喜ばせようとして諦めなくなります。

喜ばせたい人、笑顔にしたい人は誰でしょうか?

また、それはなぜでしょうか?

それを明確にすると「最後まで諦めない力」が身につきますよ。

「自分なんて…」と諦めの気持ちが出たら「誰かのために」行動する

10 「チャンスがない」ではなく「どんなチャンスが来たらいいか」決める

無い…
どこにも無い…
何を探してるの?
チャンスだよ
どんなチャンスを求めているの?
え?それは……
自分の本を出すことさ!
それ持ってるよ
私、編集者なの
え!?ほんと!?
チャンス

「なかなかチャンスがないんですが、チャンスを掴むにはどうしたらいいですか？」

チャンスがない。出会いがない。結果が出ない。このような相談を受けることがあります。

このときにいつもさせていただく質問があります。

どんなチャンスが来たらいいのか？

どんな人との出会いを求めているのか？

どんな結果が出ればいいのか？

そうすると、とたんに答えに窮する人が多いです。

実は、冒頭のように言っている人は、そもそも望む結果が明確になっていないのです。

望む結果が明確になっていない、つまり「具体的にイメージできていない」ので、目の前にチャンスがあるのに気がつかない。目の前にその人がいたとしても気がつかない。目の前に結果につながることがあるにもかかわらず気がつかない。というわけです。

日本の教育界最大の人物と称される森信三氏の言葉が、このことを言い当てています。

「人生、出会うべき人には必ず出会う。しかも、一瞬遅からず、早からず。しかし、内に求める心なくば、眼前にその人ありといえども縁は生じず」

望むものを明確にして準備が整ったら、その時はちゃんとやって来るんですね。

「どんなチャンスがきたらいいのか」自分なりに答えを出しておく

11 アイデンティティを一言で表現する

ダメだ…
不採用
オレは何回やってもダメなんだ〜っ
うぅ…
何回やってもダメなん
君にこれをあげるよ
ハイ
ドーンッ
!!
今日からあなたはコレ!!
挑戦し続ける人
おおー!!

「自分とは何者で、何をする人間なのか」

という自分に対する定義を「アイデンティティ」と言います。

・私は、あくなき挑戦をし続ける人です
・私は、夢や目標を持って進む人をサポートする人です

といった、ありたい姿を表現したものもアイデンティティです。

そしてこのアイデンティティが、無意識に私たちの行動を決定しているのです。

仕事の中でも、目標達成までもう少しというところで諦めてしまうこともあるでしょう。そんなとき上司や同僚から「もっと粘れよ」「諦めずに頑張れよ」と言われたりします。そんなビジネスパーソンのアイデンティティはどうなっているでしょうか。

おそらく、「目標達成できない」「いつも怒られている」といったアイデンティティになってしまっているかもしれません。

「私は○○である」という表現で自分を一言で表してみましょう。

そして「私は資料づくりのスペシャリストである」「私は目標をいつも達成する人である」といったポジティブなアイデンティティをつくってみましょう。

アイデンティティは実際の行動につながってきます。

自分を一言で表現するキャッチフレーズをつくってみる

第2章

人間関係疲れをなくす

「人間ぎらい」から
「人付き合いが楽しい」へ

12

嫌な人は「新種の珍獣」だと考えてみる

君はまったく!
ガミガミ
この人は珍獣ガミガミ男だ
ガミガミ
あっちはナヨナヨ星人…
妖怪ネチネチ女…
プンプンマン…
色んな珍獣
ゲットだぜ!!

一緒に仕事したくないような「嫌な人」は「面白い珍獣、発見！」と思えばいいのです。

私の場合は「珍獣が吠えているけど、何を言っているんだろう」と思いながら話を聞くことがあります。

新たな珍獣を発見する度、「新種の珍獣発見！」「地球外生物だ！」などと楽しんでいると、あちこちに珍獣が潜んでいることがわかります。

相手の言動にいちいちネガティブになっていると、顔を見るだけでマイナス感情が表に出ます。これでは毎日辛いでしょう。

相手に感情を振り回されることは避けたいものです。

相手を変えることはできなくても、自分の中の相手への感情は変えることができます。

「珍獣だ」などと思っているとクスッと笑えてくるものです。

「この珍獣をゲットしたら誰と対決させよう？」などと考えているとむしろワクワクしますね。

こう書くと、ふざけているように思われるかもしれませんが、実は大事なことです。

相手のイメージを変えることで、相手に対する感情をプラスに変えてしまうのです。

「ちょっとかわいいね」と思えると、憎たらしい相手も少し愛らしく見えてきますよ。

嫌な人は「新種の珍獣」と考えてネガティブな感情をリセットしよう

13 人を称賛してみる

第10回メンタル社大賞
ワー
大賞ありがとう
ワー
いいなぁ…
「すごいです!」
「かっこいい!」
ご活躍「楽しみ」
にしてます!!
ありがとう
かっこいい
すごい
楽しみ
スウ〜ッ
おっ
何かオレも
うまくいく気がしてきたー!!

「人のことが羨ましいと思うことが多いのですが、これってだめなんでしょうか？」こういう質問を多くいただきます。

「すごいなー」と思うと同時に、素直に称賛できない感情ってありますよね。

そして、「今はいいけど、そのうち失敗するよ…」

などと半分妬みのような感情も湧き上がってくる。

でも、これは心が醜い人だからということではありません。

自分がうまくいっていないときに、人を称賛できる人はなかなかいないものです。

ただ、この感情は自分自身の成功の障害になってしまうことがあるんですね。

脳の性質として他人に対して思った感情は、自分に対して思った感情と同じとして捉えてしまいます。

ですから成功しようとすると「これは良くないこと」と心のブレーキが働いてしまうのです。この潜在意識に刷り込まれている心のブレーキを外すことが必要です。

脳は入力（思い）よりも出力（言葉、動作）を信用しますので、この機能を利用します。

人の功績に対して、言葉や態度に表して喜ぶのです。なかなか人を称賛できないという人は、極端ではありますが、実際に思っていなくてもいいから称賛してみてください。

「他人に対する称賛」は自分の心のブレーキを外す効果がある

14

「人のせい」にしそうになったら やってほしいこと

くそう…
アイツのせいで
うまくいかないんだ
クウー
ん…!!
ちょっと待てよ!
ピキーン
この経験はきっと
何かをオレに
教えてくれている…
何かを学べと
言っているんだ!!
うんうん
そうだよな
なんかうまく
いく気が
してきたっ!!

物事がうまくいかないときに、自分以外の人や環境のせいばかりにする人は、いつも不平不満を口にし、否定的な脳になっているためにストレスを感じやすくなります。とりわけ逆境の場面では、とても大きなストレスを感じ、ピンチを乗り越えることができません。「人のせいだ」と拒絶してしまうと、そのことから逃避して諦めのバーンアウト（脳の燃え尽き）が起きてしまい、自信を喪失してしまいます。そして、同じような状況になると、このことがフラッシュバックされて、「あぁ、あのときと同じだ」と思い、やる気がなくなったり、行動できなかったりする。これがトラウマとなります。

こんな諦めのサイクルからは抜け出さないといけません。

どんな環境でも成果を出せる人の特徴は、起きたことを肯定的に受け入れることができるということがあります。

「このことから何を学べと言っているのだろう？」

「自分のどこを成長しろと言っているのだろう？」

こういった問いかけをすることで、起きたことを受け入れやすくなります。

そうすると、「そうか！　こうすればいいんだ！」と挑戦しようという気持ちが働き、行動に移行していくのです。

人のせいはやめて自分に「肯定的な問いかけ」を行なってみる

15 自分目線から相手目線にチェンジ

いや〜もっとここをこうして！
は…はい!!…
くっそ〜社長、いつも細かいんだよな〜
くぅ〜
ハッ
ちょっとまて…もしも自分が同じ立場なら…
部下に育って欲しい
〇×社
会社としても利益を出さないといけない
社長
わかりました!!
がんばります!
次こそはできるよー

「いつも上司が口うるさくてイライラする」「取引先が苦手な人でやる気がなくなる」

そういう経験があるかもしれません。ただ、今後そういった機会があるときに、その都度モチベーションを振り回されてしまうと仕事をするのが苦しくなってくるでしょう。モチベーションが振り回されやすい人は視野が狭くなっていることがあります。

自分からしか物事を見れていないのです。

なので自分以外の人の目線にも立ってみましょう。

例えば「マネジャー」の目線で物事を見ると、仕事に対する姿勢も変わってきます。「社長」の目線ならもっと変わってきます。例えば、売上に対しての意識、社員への接し方など、学べることが出てくるでしょう。

視野を広げることは、問題や課題の解決にもつながります。

山を登っているときは足が痛み呼吸も苦しい、いわば先の見えない恐怖と戦っている状態。しかし、頂上に着いた状態をイメージすることができると、ゴールまでの道のりを俯瞰できて、「今が踏ん張り時だ」と冷静に判断できるのです。乗り越えた自分はきっと成長しているはずです。

成長した自分の目線からはどんな軌跡が見えてくるでしょうか。

自分以外の人の目線に立って視野をドンと広げてみよう

16 「普通は○○だ」という言葉は禁止

普通はメール来たら即返信でしょ
テッソクね
気をつけますっ
ったく…
さ、シゴトシゴト
パカ
!!
えらそうに言っておいて
たんまり
Mail
オレもメール溜まってた…
まずは自分が変わらねばっ!
カタ
カタ
さすが部長…

友人にこうなってほしい。社員にこうなってほしい。子供にこうなってほしい。

このように、人に変わってほしいと願っている人が多いですね。

ではなぜ、そんなふうに思うのでしょうか？

人は皆、自分の価値観を持っています。

これまでの経験や得た知識などによって価値観が形成されるわけですね。

その自分の価値観を相手に押し付けようとするところに問題があります。

相手には相手の世界がある。

このことを認めようとせず、

「普通こうするでしょう」

「こうあるべき」

などと、自分の価値観が正しいと思って正論を振りかざすと、相手と衝突してしまいます。

まずは相手を認め自分が変わればいい。

人は自分の鏡だとも言われます。

人は自分の心を映す鏡だということです。鏡の中の自分の顔についている汚れを拭こうとしても汚れは取れません。自分の顔を拭くしかないわけです。

「人は変わらないものだ」と思って自分を変化させていこう

17 悪口を言い合う場に行かない

ハハハ…
でさー アイツがダメでさ〜
ハハハハ
上司も上司で
わかるわかる
グチ
グチ
グチ
グチ
翌日
今日も飲み行く？
アハハハ
やめときます

飲み会で大事なことは、どこで飲むかではなく、〝誰と飲むか〟ということです。

私はいつも研修やセミナーなどで、

「飲んで愚痴や不満を言ったり、誰かの悪口を言い合うような場にいてはいけません」

と伝えています。

脳のことを勉強するとわかりますが、どんな会話をしているかが脳に影響を与えているからです。

脳は入力と出力で強化されます。

何を入力し、何を出力しているか。

この繰り返しが将来の自分をつくっていきますから。

どうせ飲むなら、夢を語り合いたいですね。

では、愚痴や不満、人の悪口ばかり言うような人と一緒にいなければならないときはどうしたらいいのでしょうか。

「ニッコリ笑って受け流す」

私はこうしています。

過度にリアクションしないことを心がけましょう。

悪口を言い合うような場所への誘いは基本的にシャットアウト

18

怒りを爆発させる前にいったん息を吐く

あ!!
コーンッ
くそ!!
ウォーッ
呼吸を整えて怒りを収めるのだ…!!
コーチ…
すぅ…
ゆっくり長く息を吐く…
ハアー

怒りが湧き上がってきたときは、まず呼吸を整えたいですね。

「すぐカッとなってしまってミスを連発してしまう」

アスリートが試合中にカッとなって調子を崩してしまうことがよくあります。

仕事でも同じようなことがありますよね。

思うようにいかないとき。

自尊心を傷つけられたとき。

こんなときに私たちはカッとなりやすい。

怒りを覚えたらいったん間をおいて呼吸を意識してみましょう。

カッとなっているときは息を多く吸っている状態なので、ゆっくり息を吐くことが大事です。

ゆっくり長く息を吐きながら怒りが消えていくイメージをつくる。

こうすることで落ち着きを取り戻せます。

トップアスリートや一流の経営者にもおすすめしています。

心は熱く、頭はクールに。

こんな状態をつくりたいですね。

怒りを相手にぶつける前に間を置いて呼吸を整える

第3章

真のポジティブ思考を得る

「気弱な自分」から
「一歩踏み出す自分」へ

19

最悪を想定しつつ最善をイメージする

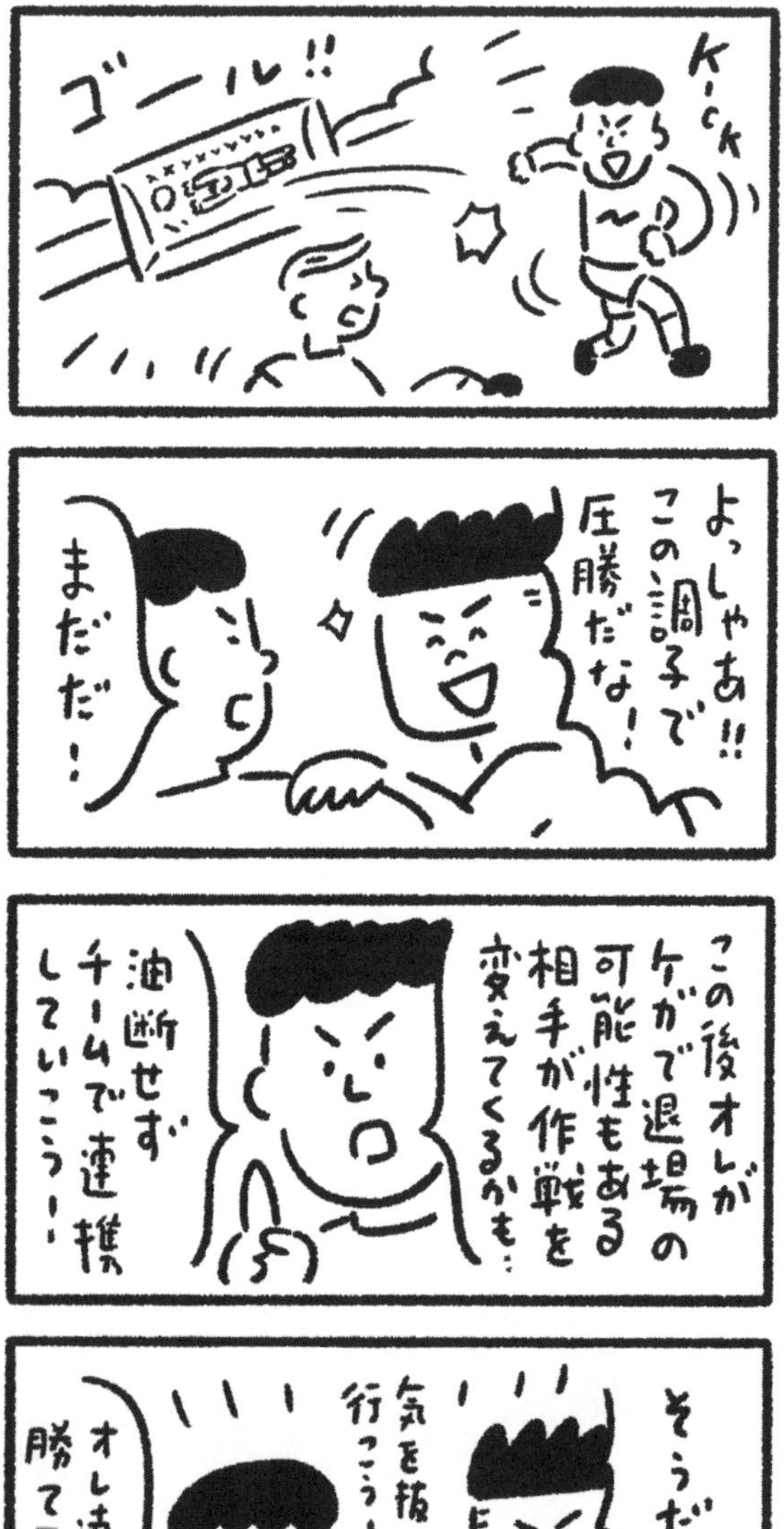
ゴール!!
KICK
よっしゃあ!!
この調子で
圧勝だな!
まだだ!
この後オレが
ケガで退場の
可能性もある
相手が作戦を
変えてくるかも…
油断せず
チームで連携
していこう!!
そうだな!
気を抜かずに
行っこう!
オレ達なら
勝てる!

どんなことに対してもプラスに考えることは「プラス思考」ではありません。

スポーツの世界でもビジネスの世界でも、ここ一番の勝負どころでは、アクシデントがつきものです。スポーツでいえば、試合中にケガをしたり、ビジネスでいえば、順調に進んでいた交渉が相手の都合で突然ひっくり返されたりすることがあります。また、試合や仕事が始まる前にも、会場に着くまでに事故にあったり、会場で必要な道具がそろっていなかったり、上司からモチベーションを下げるようなことを言われたりなど、何かとトラブルに見舞われて調子を崩すことは少なくありません。

そうした想定外のケースに直面しても、落ち着いて対処するためには、起こり得るあらゆる事態、つまり最悪のケースを想定しておく危機管理が不可欠です。もちろん、どれだけ心の準備をしても、その予測をはるかに超えることが起こってしまうことはあるでしょう。それに備えて、ピンチの自分を落ち着かせるポーズを決めておくのもおすすめです。例えば、〝目を閉じて胸に手を当てながら深呼吸する〟などはいかがでしょうか？　そのポーズをとって、冷静に対処する自分をイメージしておけば、いかなるアクシデントも恐れるに足りません。

感情をコントロールすることができれば、どんなピンチでも突破口は見えてきます。

最悪と最善の2パターンは常に想像した上で行動する

ハックシュ…
はい、ティッシュ
ありがとう
手を借しますよ
ヨボ…
ありがとねー
いつも一緒にいてくれてありがとう
嬉しい
次は誰に何をしようかなー

20 小さな小さなボランティアをしてみる

小さなボランティアをすることが、自己肯定感を高めることにつながります。

実は自分を否定的に感じていて、自己肯定感が低い人の特徴として、感動する力が弱いことが挙げられます。自分のマイナス面ばかり見てしまって、何に対してもマイナスに感じてしまっているということがあります。

つまり、マイナスに感じて心が動いている。マイナスの感動をしているということです。ですから、逆に、プラスに感じて心が動く、プラスの感動をつくればいいということがわかります。

ボランティアといっても、わざわざ遠くまで出かけて、何か特別な活動をする必要はありません。要は、身近で困っている人をちょっと手助けしたり、普段当たり前のように接している人に「ありがとう」を伝えたりするのも一種のボランティアです。

ボランティアには、ちょっとした恥ずかしさや勇気が伴うので、やってみるだけでワクワク感が味わえますし、それに対して相手から感謝されたり喜ばれたりすれば、なおさら大きな感動が得られます。

人から感謝されたいという動機はあってもいいのですが、相手の反応は二の次で、あくまで自分がワクワクするため、というスタンスで取り組むといいでしょう。

どんなに些細なボランティアでも自己肯定感は高まっていく

21 力んだら力を抜くのではなく もっと力を入れてみる

ヤバイ…力み
すぎて体が…
ガッチーっ
ガチ…
えーと
その〜…
こんな時は…
ギュ〜〜ッ
必殺ショルダー
アーップ!!
からの〜っ
はあ〜っ
力抜き〜っ
ーという
わけでですね
リラ〜…ックス

大事な仕事や試合で、力が入り過ぎて身体が硬くなってしまうことがあります。

・普段とは違った大きな舞台に立つとき
・周りからの期待が大きくなった場面

など、いつもと違う場面になると、身体が硬くなって力が発揮できなくなってしまうことがあります。

このようないわゆる〝力んだ状態〟のときに、「肩の力を抜いて」「リラックスしていこう」などと思っていても、逆に力が入ってしまいます。

また周りから「力を抜け！」「リラックスしていけ！」と言われてもなかなか身体は言うことを聞いてくれないんですね。

私たちの身体は環境の変化によって自然と入ってしまった力を抜くことは難しいですが、自分で意識的に入れた力であれば、簡単に抜くことができます。

ですから、あえて自分で力を入れて、その後一気に脱力すればいいんです。

例えば、まず肩を上げて力を入れてから、一気に力を抜いてみます。

そうすることで、肩の力が抜けてラクな気持ちでプレゼンや商談、試合などの本番に臨めるようになります。

大事な場面で力みすぎたら逆にもっと力を入れてみる

22

「自分なんて」ではなく「自分だからこそ」

はぁ・・・
またダイエット失敗・・・
どうせ私なんて一生変われないんだ・・・
いや・・・だからこそ
これを乗り越えられたらダイエットで困っている人の役に立てるはず
一年後
最強のダイエット術サイン会
励みになってます！

うまくいかないことだったり、失敗したという体験に対して、世の中の多くの人は、その物事のマイナスの側面ばかりを見てしまって不安や不満といった否定的な感情になりがちです。これを繰り返すことで自己肯定感が低くなっていきます。

しかし、ある方法を使って視点をマイナス面からプラスに変えることによって、物事のプラスの側面に気づき、自己肯定感を高めることができます。

どのようにすればいいのかと言いますと、まずマイナス面を一旦受け入れるということから始めます。

マイナス面を一旦受け入れて、それから「だからこそ」と考えてマイナス面のプラスになる部分を見つけます。

「いつも自分がどう思われているか気になって仕方がない」という場合には「だからこそ、場の空気を的確に読むことができるんだ」

「髪の毛が薄いから…」と卑下するような場合には、「だからこそ、若造に見られず、信頼されやすい」「貫禄が出る」など。

このように、どんなマイナスだと思うことでも、そのマイナス面のプラスの側面を見つけることが可能です。

マイナスな出来事には「だからこそ〜」と肯定的にとらえる

23 自分の得意はこうして見つける

自分の得意なことって何だろう
わからない
実現したいことを
色々書き出してみよう
アレ
コレ
ソレ
一カ月後
パラ…
期待どおりにできたか確認…
アレとコレはできてる！！
もっとアレを伸ばしていこう

得意なことがない人は得意なことを見つける必要がありますね。

得意なことを見つけ出す方法は「２ステップ」のみ。

①月の初めに自分に対する期待を書き出す。

②そして月末にその期待に対する結果を書いてみる。

これを毎月繰り返してみましょう。

もちろん年単位、毎週、とやるのも構いません。

実はトップアスリートはこれを毎日行ない自分の得意なことを磨いています。

「個を強くする」ことはビジネスパーソンにとって今後ますます大事になると思います。

これからの時代、ＡＩなどの発達で従来の仕事が淘汰されていきます。

そして企業が守ってくれる、組織が守ってくれる時代ではなくなってきています。

個々がオリンピックに出場するアスリートのような意識に持っていければ最高ですね。

そこまで意識を高く持たなくても、自分の得意なことを磨き、伸ばすことは人生の幅を広げるプラスの行動です。

将来の自分にワクワクしつつ、自分の得意を磨いていきましょう。

「できたらいいな」と思うことを月初に書き月末に結果を確認する

24 とにかく「ありがとう」をクセにしてみる

朝だ〜っ
今日も起きれてありがと〜う
ご飯が食べれて
ありがとう!!
急げ急げ〜
わ!!
石ころくん
焦るなってことだねありがとう

感謝することが大事だ。

様々なところで言われていますが、なぜ感謝すると良いのでしょうか。

感謝すると、脳幹から「ドーパミン」や「エンドルフィン」といった報酬系のホルモンが分泌されることがわかっています。

この報酬系ホルモンが分泌されると、脳が快反応を起こし肯定的な状態になります。

そうするとパフォーマンスも向上するわけです。

日常のあらゆるところに感謝のタネはたくさんあると思います。

・朝起きることができてありがとう
・ご飯を食べることができてありがとう
・苦難や逆境になってありがとう

すべて「ありがとう」です。えっ、最後のありがとうはちょっと…

でもよく考えてみると、あのときの苦難や逆境が自分を成長させてくれた。という例はたくさんあります。とにかく常に感情にフォーカスしてみて下さい。

成果があがったとき、うまくいかなかったとき、それぞれどんな感情で臨んでいたか。

振り返ってみると面白い発見があると思いますよ。

「ありがとう」はシンプルだけど超重要な言葉

25

悔しいときは 思い切り悔しいと言う

残念ですが
今回は
無かったことに・・・
はあ・・・
くっそーっ
トボ
トボ
がんばったんだけどな〜
くやしぃ〜〜い!!
あー
何か
スッキリ
した〜
さあ
次いこ
次〜!!

プレゼンや商談が終わった。

試合や試験が終了した。

実は、この瞬間から次の勝負が始まっています。

もちろん良い結果が出たときは、大いに喜んでもらって構いません。

結果が悪かったときは、悲しみ、悔しさを表に出して下さい。

良い結果のときに喜ぶことは、脳に肯定的な記憶データを蓄積することになり、次もがんばろうという気持ちになります。

悪い結果を悲しんだり、悔しがることは、ストレスの発散になります。

逆に悲しさや悔しさを押し殺していると、そのときの否定的な感情が深くなり、なかなか立ち直ることができなくなってしまいます。

しかし、悲しさをいつまでも引きずってしまうと逆効果になってしまいます。

次の仕事や試合、試験に悪影響を及ぼしてしまうんですね。

ですからそのとき感じたマイナスの感情は思いっきり発散してから「次はどうするか」を決めて行動しましょう。

悔しさは留めておかず思いっきり吐き出そう

26

場を変えてみる

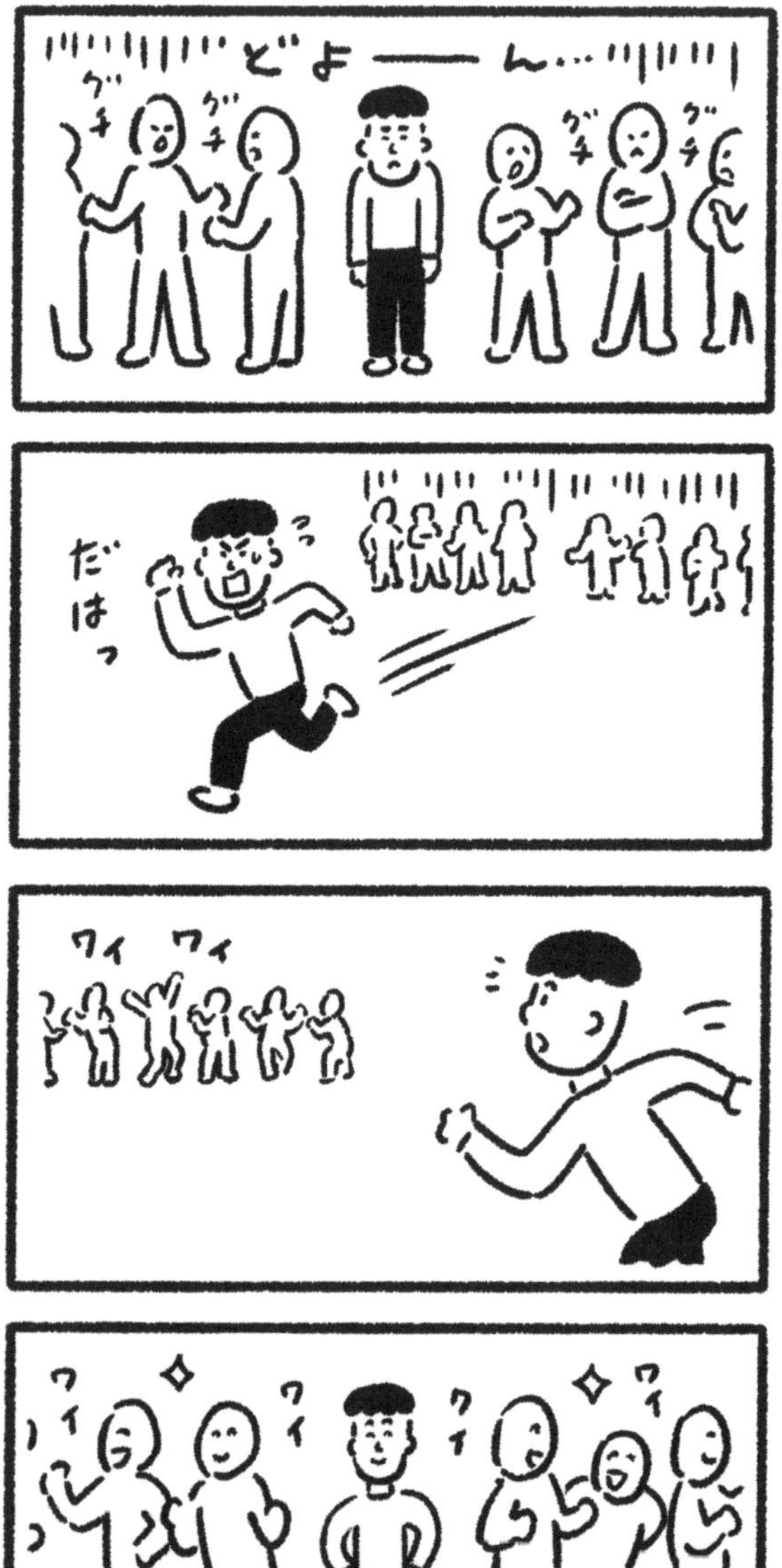
どよ——ん…
グチ
グチ
グチ
グチ
だはっ
ワイ
ワイ
ワイ
ワイ
ワイ
ワイ

どんな場に身を置くか。

身を置く環境によって生き方そのものが変わる。

目的に適ったより良い環境をつくり出す（身を置く）ことが、成果を生む大切な要因となるんですね。ここで重要なことは、「自分の心の持ち方で出会う人が変わる」ということ。

「やる気もなく、どうせ自分なんて…」

と自分に対して諦めている人は、同じように諦めている人が寄ってきます。

逆に、やる気に満ちて、将来に希望を持って取り組んでいる人には、同じような志を持った人との出会いがあります。

なぜなら心の状態は必ず表情や態度、言動に表れますからね。

それで「類は友を呼ぶ」となるわけです。

気の合う者や似通った者同士は、自然に寄り集まって仲間をつくる。

世の中には様々なコミュニティやサークルがあります。職場も様々です。自分が成長できる場所を探してみてはいかがでしょうか。

今より成長を望むなら、さらに上を目指そうと思うなら、そのような場、環境に身を置くことをおすすめします。

「居心地が悪い」と思う場所から別の場へ動いてみよう

27

緊張をとるには思考ではなく呼吸で解決

プレゼン緊張するな〜
だめだめ緊張しちゃだめだ!!
しないしないっ
しない
しない
しない
しない
田中くんちゃんと呼吸して!!
スーハースーハー
ゆっくりゆっくり!!
バタン

緊張をとりたいとき最も短時間でできて簡単な解決方法が、呼吸を通して自律神経にアプローチする方法です。

実は緊張を「思考」でコントロールしようと思っても難しいのです。

緊張状態にあるときに「冷静になろう」「落ち着こう」と思えば思うほどリラックスできなくなったという経験もあるかと思います。

呼吸は脈拍や体温などとは違い、自律神経を唯一意識的にコントロールできる方法です。息を吸うと緊張を高める交感神経が活性化され、息を吐くとリラックスする副交感神経が活性化されます。

つまり、緊張が高まり「あがり状態」になっているときは無意識に息を吸ってしまっているのです。

だから意識して息を吐いて副交感神経を優位にしていくことで落ち着きを取り戻すことができます。

ただたんに息を吐けばいいかというとそうではなく、ゆっくりと長く息を吐くことで段々とリラックスできるようになってきます。

緊張が高まったら、頭の中でどうにかしようとせず、呼吸を意識しましょう。

「緊張」は思考ではどうにもならないので「呼吸」で解決する

28

「うまくいかない」ではなく「うまくいくためには何があればいい？」

何かうまくいかないな〜
ハァ…
新商品を出しすぎたのがいけなかったのかな
落ちこんできた…
うっ…
うまくいくために何があったらいいかを考えてみれば？
もっと多くの意見が聞けたら…
正確なデータを用意できたら…
解決の糸口を掴めるかも!!
次はいけそうだね!!

脳は問いかけた通りに答えを考えます。

脳にどのような問いかけをするかが、人生を決めると言っても過言ではありません。

「なぜうまくできなかったのだろう」と問いかけてしまったら「うまくやろうと気負ってしまったのが原因だ」とマイナスの回答を導いてしまいます。

確かに失敗やミスの原因を追求することも大事ですが、このことばかり追求していると脳は何度も失敗やミスの記憶を思い出すことになり、否定的な感情と一緒にそのときのイメージを覚え込んでしまい記憶に定着してしまいます。

こうなると、同じような状況になったときにフラッシュバックが起こり、思うように動けなくなったりということが起こります。

こんなときは問いかけを変えてみます。

「うまくいくためには何があればいいだろうか？」そう問いかけると「何があればいいのだろうか」と、「ある」という前提で考え始めます。

「できない」をオーダーすると「できない理由」が返ってきます。「できる」をオーダーすると「できる理由」が返ってきます。

自分への良質な問いかけで、肯定的な答えを引き出していきましょう。

肯定的な問いかけが「うまくできる方法」を引き出す

29

アホになってみる

オレはスーパースターになる!!
ムリムリ
やめとけ
一週間
よくやるよなー
ヘイヘイヘーイ
まだやってる
ストリート独演会
スーパースターたけし
一年
アホやなーっ
よくやるよホント…
ヘイヘイヘーイ
あれ誰
無名の新人たけしハリウッド超大作で俳優デビュー
ヘイヘイヘーイ
スターボーンズ世界同時公開
スゲーやつだったんだな
あの外国人もスゴイ監督だったのね

誰もが「そんなことは無理だ」「できるはずがない」と口を揃える。

いつの世も何かを成し遂げた人は、最初はこのように言われていました。

しかし、皆が「できない」と思っていることを本気で「できる」と思い込んでいる。

人がなんと言おうが、大きな夢に向かい努力を惜しまない。

そんな素敵な人たちのことを「アホ」と敬意を込めて表現しています。

そもそも飯山も小学生の子ども2人と住宅ローンを抱え、貯蓄ゼロで起業しました。

だから、起業した月から収入がないと食べていけないわけです。

こんな状況で起業するなんで、どう考えてもアホです。

さらに、なんの見込みもないのに、甲子園で活躍する野球部のサポートをする。オリンピックメダリストのサポートをする。と決めて取り組んできました。

周囲は「何をバカなことを」「こいつは大丈夫か」と思っていたと思います。

しかし、今は「すごい」などと称賛してくれる方も多くなってきました。

どうしても、人にどう思われているか、どんな評価をされているかを気にしてしまいます。

本当はそんなことはどうでもいいんですね。それほど人は他人を見ていません。

常識に縛られているのはつまらない。一歩踏み出してみましょう。

「人は他人を見ていない」自分なりにアホになってみよう

第4章

目標達成への近道

「無意味な人生」から
「自分がワクワクする人生」へ

30 「したい」ではなく「する」と言い切る

起業したいし〜
アレもコレもやりたいし〜
それ毎年言ってんじゃん！
え－！
確かに…
もう「する」って決めちゃえば？
ワタシはおかわりする、
する…かぁ…
そうだね
私、一カ月後に起業する!!
ワクワク
それには…仲間集めに商品開発…!!
ワクワクしてきた!!

「○○をしたい」という言葉には「条件が整ったら」という言い訳が入っています。

この逃避の思考パターンは意識して変えないと、繰り返してしまい、いつまでも「したい」ことは達成できません。

私自身、「○○をやりたいと思います」「○○ができるよう努力します」のように表現していた目標は達成できませんでした。

しかし、「独立起業して仕事をする」「起業後は○円売り上げる」と「する」と決めたことは、具体的な行動につながり実現できました。

意識して「○○をする！」と決めて行動するようにしましょう。

ポイントは「脳がワクワクする」ことです。

成功するからワクワクするのではなく、ワクワクしながら取り組むから成功するのです。

誰から言われなくても行動し続けることができるのは、取り組むことにワクワクしているから。

すべては「する」と決めることから始まります。

するという勇気を持ち、ワクワクしながら取り組めるようになりましょう。

言葉の語尾に気をつけて「したい」ではなく「する」と言い切る

31

いきなり大きな目標を立てない

大きな夢を持とうとしても、結局ぼやっとして行動に移せない人が大多数です。

なぜそうなるかというと、ゴールまでの道のりが長すぎるからです。

先が見えない不安があるということです。

それなら、先が見えるように細かく目標を立てることが大事です。「まず次のチェックポイントまで行こう」と行動しやすくなります。

コーチングにはチャンクダウンという手法があります。

チャンクとはまとまった「かたまり」を意味する言葉で、チャンクダウンはかたまりを複数の小さなかたまりに分割するということです。

対象を大きく捉えると漠然としたことしか考えられず、具体的に何をすればいいか不明瞭になります。

夢や目標を小さくしていきましょう。「小目標」を設け、そのための行動レベルまで落とし込んで「行動目標」を設けるのです。例えば、イチロー選手はメジャーのシーズン最多安打記録を達成した時、「次の目標は次のヒットです」と言っています。

いきなり「２００本目指すぞ」なんて言ってヒットを打てなかったら落ち込んでしまいます。すべては１本の積み重ねです。

目標は細かく区切って1つ1つの目標のハードルを下げていこう

32
将来の夢が描けないときは「長期ライバル」を設定する

将来の夢かぁ…
うーん…
暗くて見えない…
そこで長期ライバルを設定してみる
名プレイヤーハチロー
一日一歩が大事です
憧れのあの人を…
よし！オレも一日一歩
カタカタ
コツコツやってみよう

「将来の夢を描こうとしているのですがうまく描けません」

夢を描けないからダメなんじゃないんです。

実は、私たちは経験していない未来を描くことが難しいのです。

そこで自分の未来をすでに経験している人、あこがれの人を見つけます。

私はこれを「長期ライバル」と表現しています。

この長期ライバルに追いつき、追い越そうという思いが、脳を燃え尽きないようにするのです。

ちなみに私の長期ライバルはイチロー氏です。私はビジネスアスリートだと思っていますので、常に意識する人をアスリートにしています。

イチロー氏といえば数々の名言がありますが、その中でも意識しているのが、

「夢や目標を達成するには一つしか方法がない。小さなことを積み重ねること」

小さいことを積み重ねることが、大きなことを成し遂げる唯一の方法だということです。

私の場合はメルマガやブログを毎日積み重ねることもそうですし、本を執筆するという作業も同じです。

私自身「長期ライバル」を意識したことで数々の目標を描き、達成できたのです。

自分の理想の人生を歩む人を「長期ライバル」に設定する

33

目標がないのなら「どんな感情を得たいか」考えてみる

オレにはこれといった目標は無いけど
何かに一生懸命になって達成感を得てみたい！
うおーっ
自分一人だけじゃなくて誰かの手助けになれるような…
一緒に行こーう
ありがとう
そうか！オレは人をサポートする仕事がしたいんだ
目標
やっさね
君のおかげだよ

「目標が特にない」という場合は、「得たい感情」を思い浮かべてみるのが有効です。得たい感情が明確になれば、「どうすればその感情が得られるようになるか」を考えられるようになり、自然と目標が生まれ、モチベーションが上がるのです。

メンタルコーチングでは必ず目標設定を行います。行き先を決めるためです。行き先を決めずに動き出すと時間とお金、労力が浪費されるだけになってしまいます。ですから最初に目標を決めるわけです。ところが、その際、「目標がない」という選手もいます。

例えば、「ベンチ入りできる可能性がなく目標がない」という高校球児がいました。本人はベンチ入りだけがすべてじゃないとわかりつつも、その他の目標が持てないでいました。

そこで、私はこう質問しました。

「そうか。じゃあ君は野球部を通してどんな感情を得たいんだ？」「やりきった充実感が得たいです」「では、どうなったら野球生活が充実していたと言える？」「チームが甲子園に進み、自分がそのサポートをできている時です」「どんなサポートをしたらいい？」「メンタルリーダーです」これで目標が明確になりました。

その後、この選手は実際にメンタルコーチングで学んだことを選手たちに落とし込んでいく重要な役割を担い、大変充実した高校生活を送ったのです。

「どんな感情を得たいか」を考えれば目標が徐々に見えてくる

「しなければいけない」ではなく「できたらいいな」

オレは一年後に夢を叶えなければいけない!
責任感!!
ズン!
しなければいけない!
オレは夢のためにがんばるんだ…!!
ズズン
しなければいけない!
がんばらなくちゃ!
ウォオオオオ
あ～っ
しなければいけない!
ブギッ

嫌なんだけど、仕方ないからという思いで頑張っていると脳は不快な反応を起こして、なかなか能力が発揮されず、成果にはつながりません。

そして、ますます頑張らざるを得なくなるわけです。

こんなとき大事なのは「将来に対して無責任になる」ということ。

夢を持ったら実現に向けた行動をしなければいけないと責任を感じていると、夢を持つことが苦痛になってしまいます。

だから、あえて無責任になるのです。

「できたらいいな」「うまくいくといいな」で構いません。

そして、実際に自分の未来の年表に落とし込んで見るのがいいでしょう。

「5年後にはこうなっているといいな」

「1年後にはこんなふうになっているといいな」

「1ヶ月後にはこんなふうになっているといいな」

あくまで「なったらいいな」で大丈夫です。

大事なことはワクワク感です。

まずは、肯定的なイメージを作ることから始めていきましょう。

「しなければいけない」ことは1つもないので無責任になって考える

35

選択に迷ったら「成長できるかどうか」を最優先する

A
B
うーん
迷っちゃうなあ…
Aは楽そう…
Bの道はきついかも…
B
でも乗り越えたら成長できそう！
ワクワク
Bに進んでみよう！

ワクワクと「成長できる」選択を優先していこう

仕事や人生において、どちらを選択するか迷う場面があります。

判断基準は「どちらの道が自分をより成長させることができるか」をおすすめします。

迷うということは、どちらの道も可能性があるから悩むのです。

一方の道に可能性がなければ、とっくに諦めているでしょう。

いずれにせよ、挑戦だと思える道を選ぶと成長します。

挑戦の道は決して平坦ではありませんし、リスクがあるようにも見えます。

それでも、だからこそ進む価値があるのです。

成功すれば、自分の潜在能力を引き出して可能性を拡げられます。

仮に失敗しても、経験という貴重な財産が手に入ります。

どちらにしても自分の成長につながっていくのです。

迷ったらワクワクする「成長できる」ほうを選びましょう。

私たちの普段の行動のほとんどは無意識の領域でされているので、放っておくとこれまでと同じ行動を繰り返すだけです。

ですから、自分を変えたければ、意識して選択を変え、行動を変えることが必要です。

36
イメージトレーニングは漠然とではなく ディテールにこだわる

絶対勝ってやる!!
モワン
勝利!
イメージトレーニング
モワ
勝利
KOで
モワ
カウンターパンチでKO勝ち!!
1R 2分32秒
チャンピオン
皆のおかげでとれた勝利です
インタビュー
よし!

トップアスリートや一流の経営者は、うまくいくという成功のイメージを大事にしています。脳はイメージなのか実際に経験していることなのかを区別していません。ですから、イメージトレーニングすることで、脳がそのことを実現しようとしてくれます。

ただそこで大事なのは、イメージのディテールです。

例えば、時間の約束をする際に、

「6時に会場にお越し下さい」

「5時57分に会場にお越し下さい」

この2つの表現だったらどちらがより時間を守ろうとすると思いますか？

答えは「5時57分」のほうです。「6時」だと当たり前ですね。でも「5時57分」だと時計の針が6時少し前にある状態をイメージすると思います。

しかも中途半端な数字にはきっと何か意味があると強くイメージしてしまうからなんです。ディテール（細かい部分）が脳を刺激するんですね。だから「イメージングは細部までリアルに描いて下さい」とお伝えしています。望む結果を実現した状態を、いつ、どこで、誰と、どんなことをしているのか、といったことをリアルに細部までイメージングしていきます。こうして、脳はそのことを〝経験したこと〟として記憶していくのです。

イメージングは細部まで描くことが成果を高める

37

「やりたいこと」は声に出す

心を
1つにする‥
心を1つにするぞ!!
さっ…
さざれ
さ…
心を1つにするぞ!!
オ〜〜〜〜ッ!
声に出す
♪さ〜ざ〜れ〜石〜の〜♫
ONE TEAM!!

モチベーションを上げるのに、簡単な方法のひとつが「声を出す」という行動です。

心の中で「自分を信じる」「平常心を保つ」「心をひとつにする」と思っているだけでは、なかなかモチベーションは上がりません。

口に出してみると、現実味が出てくるのです。

「校歌」や「社歌」を歌う時をイメージするとわかりやすいと思いますが、アイデンティティーを同じくする者同士が、同じ文言を同じ旋律に合わせて歌うことで、なんとなく心がまとまっていくような気がするものです。

日本ラグビー代表が、国歌「君が代」斉唱で、意味を噛み締めるように熱唱する姿が印象的でしたね。

大会前には宮崎市での合宿の後に、君が代の歌詞にある「さざれ石」を実際に見に行ったとのこと。

小さな石ころが粘土や砂と混じり、長い年月をかけて大きな石となった「さざれ石」。今回の日本代表は、登録選手31人のうち、半数近くの15人が海外出身選手です。

国歌の意味を知り日本代表として心をひとつに、「さざれ石」のように「ONE TEAM」をつくってきたのだと思います。

目標を言葉にすることで個人もチームもモチベーションが高まる

38 なんのために働いているかわからなければ会社の問題探しゲームをする

オレは一体何のために働いているんだ
ぬーん…
ハァ・・・
ん?
よく見たら色々ボロが見えるな・・
アレを直すにはコレを・・
ワクワク
コレとソレも用意してっと

前向きに仕事をしたいけど、自分が何のために働いているのかわからない。
ということがあると思います。
そんな時は「会社の問題探しゲーム」をしてみましょう。
・技術面で競合他社に劣っている
・サービスが顧客から見てわかりにくい
・社内が整理整頓されていない
・コミュニケーション不足で意思疎通がうまくいっていない
・会議に時間をかけすぎている
などなど。
思いつく限り挙げてみましょう。
そして、自分なら問題をどのように解決していくか具体策を考えるのです。
これで何をすればいいかが明確になりました。
少しワクワクしてきませんか？
問題意識を持つことで、主体的に物事に取り組めるようになりますよ。

働く理由を見失ったら会社やチームへの「問題意識」を持つ

39 目標に集中するなら他を捨てて一点集中

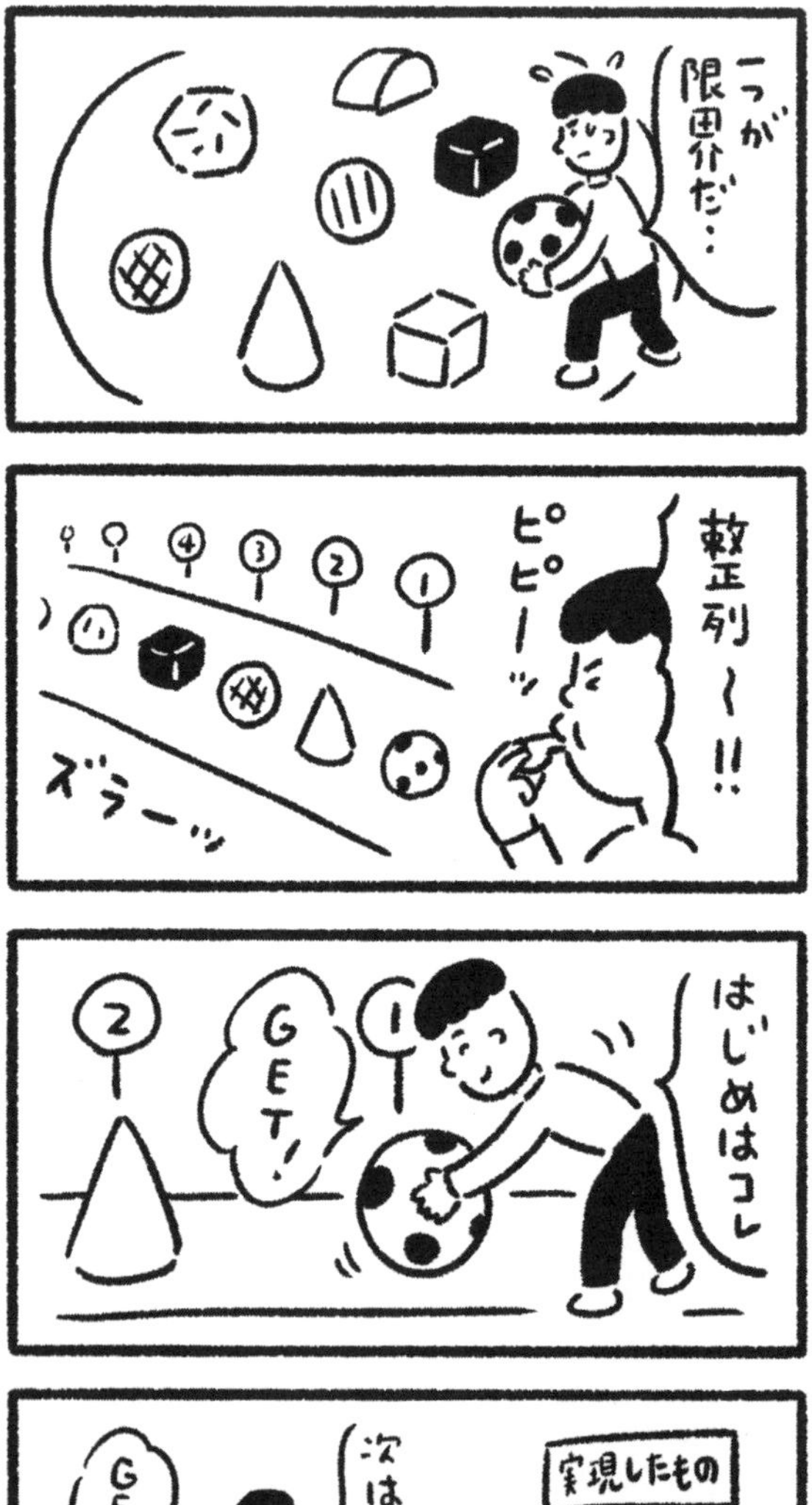
一つが限界だ・・
整列～!!
ピピーッ
ズラーッ
はじめはコレ
GET!
実現したもの
次はコレ
GET!

私たちの脳は、２つ以上のことに集中することができません。

さらに、２つ以上のことに感情移入することも非常に難しいんです。だから、取り組みを１つに絞ることが重要になります。

優先順位が大事です。

１　まずは〇〇を

２　〇〇ができたら次は■■を

３　■■ができたら★★を

という具合に、１つを終えてからまた１つ実現してほしいのです。

物事を成し遂げるためには、「選択と集中」することが必要です。

時間や労力、お金など、リソースは限られています。

まずはこれと決めてそこに時間とお金と労力を集中させる。

その目標が実現したら、次の目標へ。

このように選択して集中して取り組むから、実現しやすくなるのです。

優先順位を決めて１つずつ臨んでいきましょう。

優先順位を決めて「一点突破」が目標達成のカギになる

第5章

行動する自分になる

「行動できない自分」から「やり抜く自分」へ

40
「やらなきゃ」ではなく「やらないとどうなる？」と考える

例の件…
早く
やらなきゃ…
一週間
例の件
まだだった…
やらなきゃ…
気が
重い…
それをやらないと
どうなる？
イマジン…
えっ
プロジェクトが
失敗して…会社の
損失になり…
信用を失い…
クビ…‼
ハイ！
今から
やる！
カタタタ
ターン
ファイト〜

「やらなきゃ」と思っても、そう簡単に実行に移すことはできませんよね。

そこで行なってみてほしいのが「やらないとどうなる？」という問いかけです。

これは恐怖の問いかけです。

どんなデメリットがあるのかを気づかせるためのものです。

この問いかけは、行動しないことを「不快」だと思わせるために、行動しないことで起こるデメリット（悪いこと）を脳に検索させていく効果があるのです。

例えばあなたが1週間後までにプレゼンの資料を作らないといけないとします。

やらないことのデメリットとしては、

・上司、同僚からの信用が下がる
・誰かがやらないといけなくなる
・諦める癖がついてしまう

など、様々なデメリットが浮かんでくると思います。考えただけでも、少し怖くなってきますね。脳を不快にさせることによって、逆にやろうと動くのです。

ぜひ、どうしてもやらなきゃと思った時は「やらないとどうなるか？」デメリットを書き出してみてください。

行動できないときは「やらないとどうなるか」デメリットを書き出す

41 「できていないこと」ではなく「できていること」に目を向ける

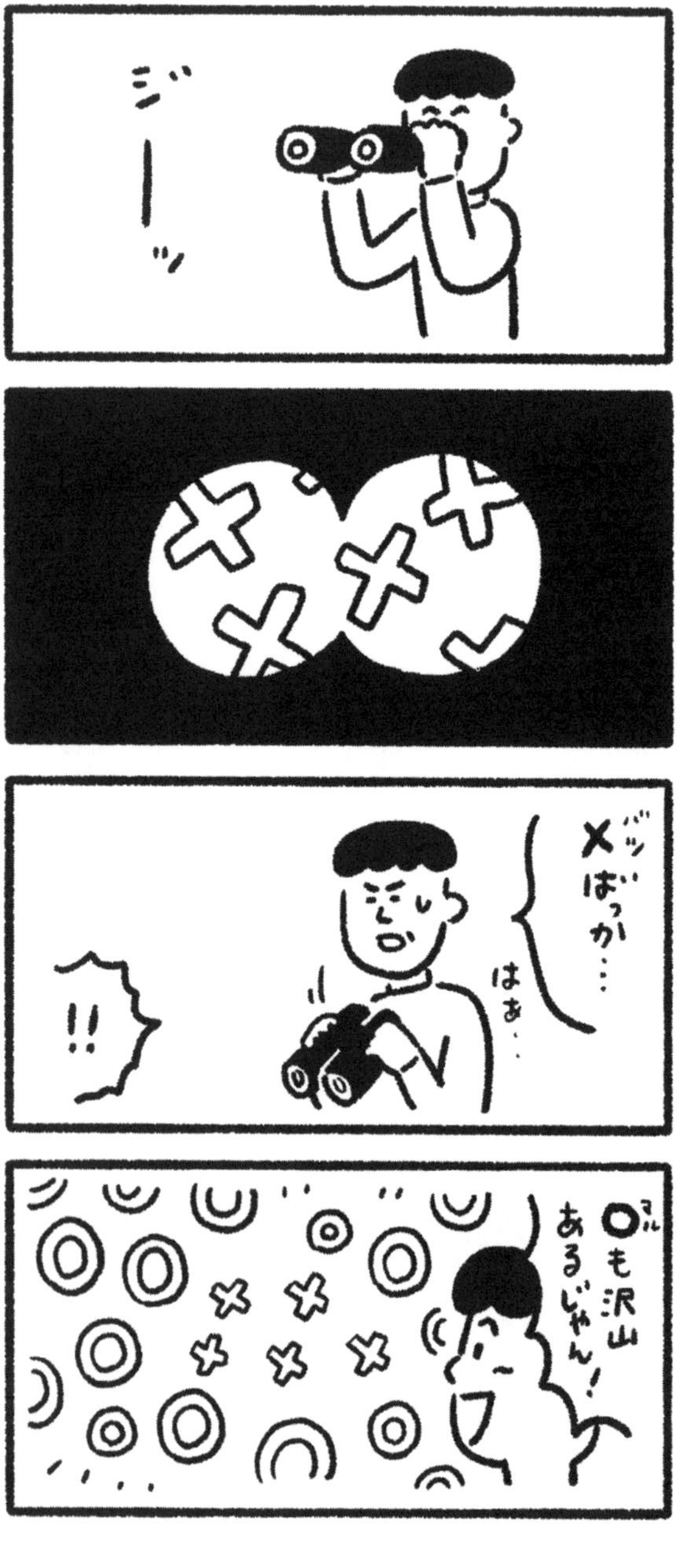
ジーーッ
×《バツ》ばっか…
はぁ…
!!
○《マル》も沢山あるじゃん!

メンタル講習の際は、目標実現のための「やることリスト」を作成してもらいます。

「毎日ランニングする」

「寝る前にイメージトレーニングをする」

などいくつものリストを作ってもらいそれを実行してもらうのです。

ある時「できませんでした」と肩を落とす人がいました。

ところがよくよく確認すると8割以上達成しており、かなりの数を実行できていたのです。とても真面目でストイックな選手でしたが、ややネガティブになりやすい面もありました。

ここで大切なのは、「できていないこと」だけではなく「できていること」にもきちんと意識を向けるということです。

確かに成長するためには、「できていないこと」を把握していることは大事です。

しかし、それ以上に「できていること」に目を向けてあげることがメンタル的には重要なのです。

真面目な人ほど、できていないことに囚われて自信をなくしてしまいます。

意識的に、できていることにも向けていくようにしましょう。

自分が「できていること」にフォーカスするクセをつける

42

「ゲン担ぎ」ではなく「ルーティーン」を重視する

今から大事な商談だっ…
ドキドキ
フーッ
ルーティーンポーズ
ガッツ
フッ!!
よしっ
スッ…
結果
よろしくお願いします
ありがとうございます!

ルーティーンは「心を整える」ために行なうものです。

野球選手ならバッターボックスでそれぞれ自分の動作を使って、気持ちを作る選手が多いですね。

私自身も講演前には、まず目を閉じてゆっくり深呼吸して、小さく両手でガッツポーズをして心を整えています。積極的にルーティーンを取り入れていただきたいです。

ルーティーンとは別に、よく似たもので「ゲン担ぎ」があります。これには注意が必要です。

例えば、ある時計をつけている時に良い結果が出たら、次の大事な場面もこの時計をつけようと「ゲン担ぎ」するとしましょう。

良い結果が続けばいいのですが、それが続かなかった時には、時計を変えるようになると思います。そして違う時計にした時に、また良くない結果が出れば、じゃあ次はどうしようか…とゲン担ぎに「心が囚われる」ようになってしまいます。

結果のことを気にしながら、ゲン担ぎをしていると、ストレスを溜める結果となり、しまいにはパフォーマンスが落ちるということがあるのです。

あくまで結果のことは気にせず、心を整える作業としてルーティーンを行なってみてくださいね。

ルーティーンは心を整えてくれる作業だと心得る

43 歯を磨きながらスクワットする

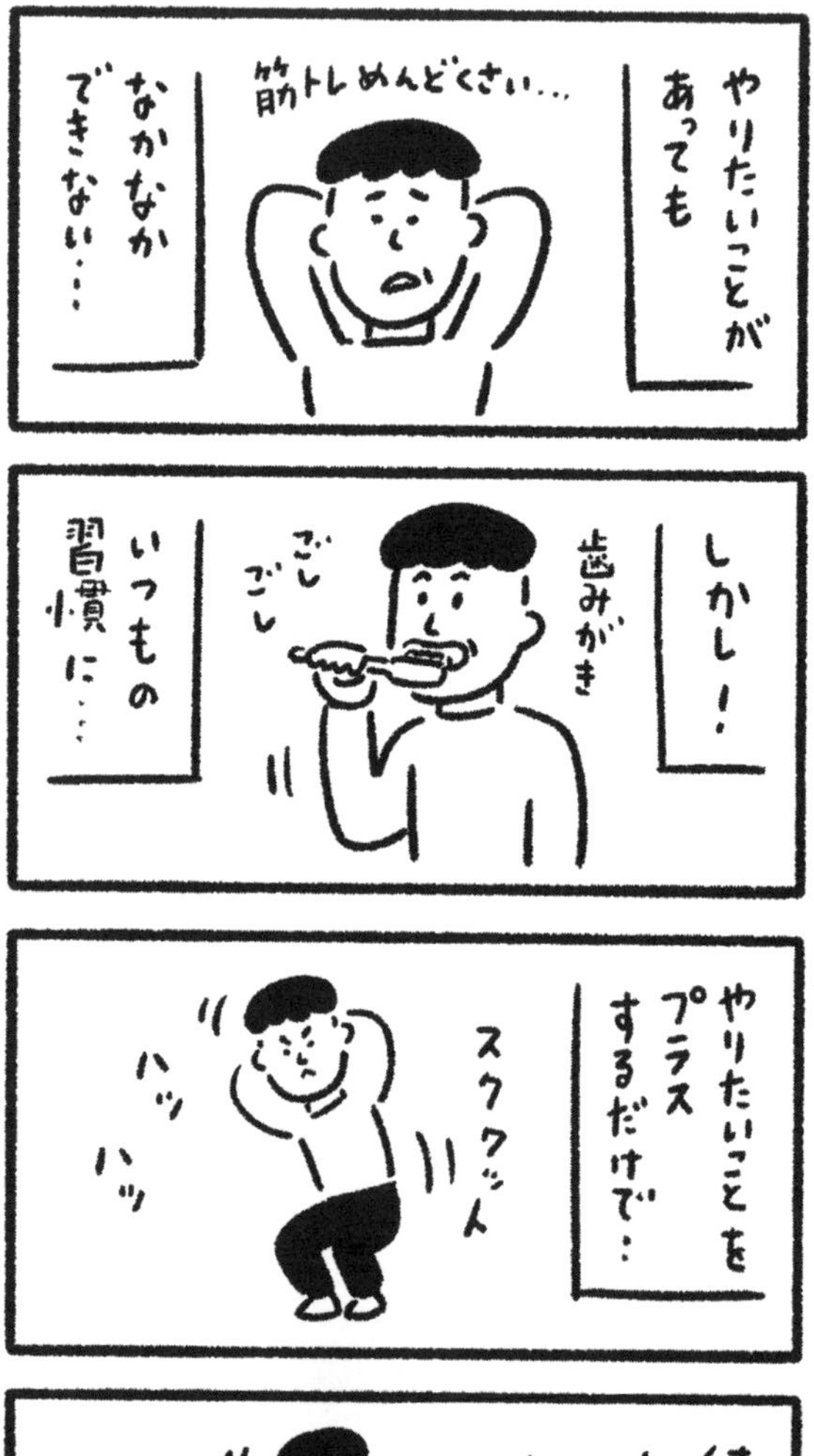
やりたいことがあっても
筋トレめんどくさい…
なかなかできない…
しかし！
歯みがき
ごしごし
いつもの習慣に…
やりたいことをプラスするだけで…
スクワッん
ハッ
ハッ
続けやすくなる！！
歯みがきスクワット
ごしごし
ハッハッ

いつもの習慣にやりたいことを結びつけてみましょう。例えば、

・朝起きたら、ベッドで腹筋する
・歯を磨きながら、スクワットする
・昼食を食べたら、少し歩く
・帰宅したら、ストレッチする

と、とにかく毎日必ず行なう行動と結びつけて、続けられる工夫をしてみましょう。

習慣がとても大事だとわかっているのに、習慣化できないのには理由があります。

それは、必要なことに対して「面倒だ」「だるいな」と脳が不快な反応を示しているからです。そういう場合に、すでに習慣となっていることと結びつけて実施することで、脳は不快な反応を示しにくくなります。ポイントは、淡々と行なうことです。

東京ディズニーリゾートでは、防災訓練を年間百数十回行なっている話を聞いたことがあります。年の半分は防災訓練をしているのです。だから東日本大震災の時もキャストがスムーズに対処でき、大きな混乱もなかったそうです。何度も何度も繰り返し行なってきたことが、習慣となって身についていたのでしょう。

コツコツと何度も行なって習慣に変えていきましょう。

いつもの習慣に新しく始めたい習慣を結びつける

44 勝負の朝には明るい表情をつくる

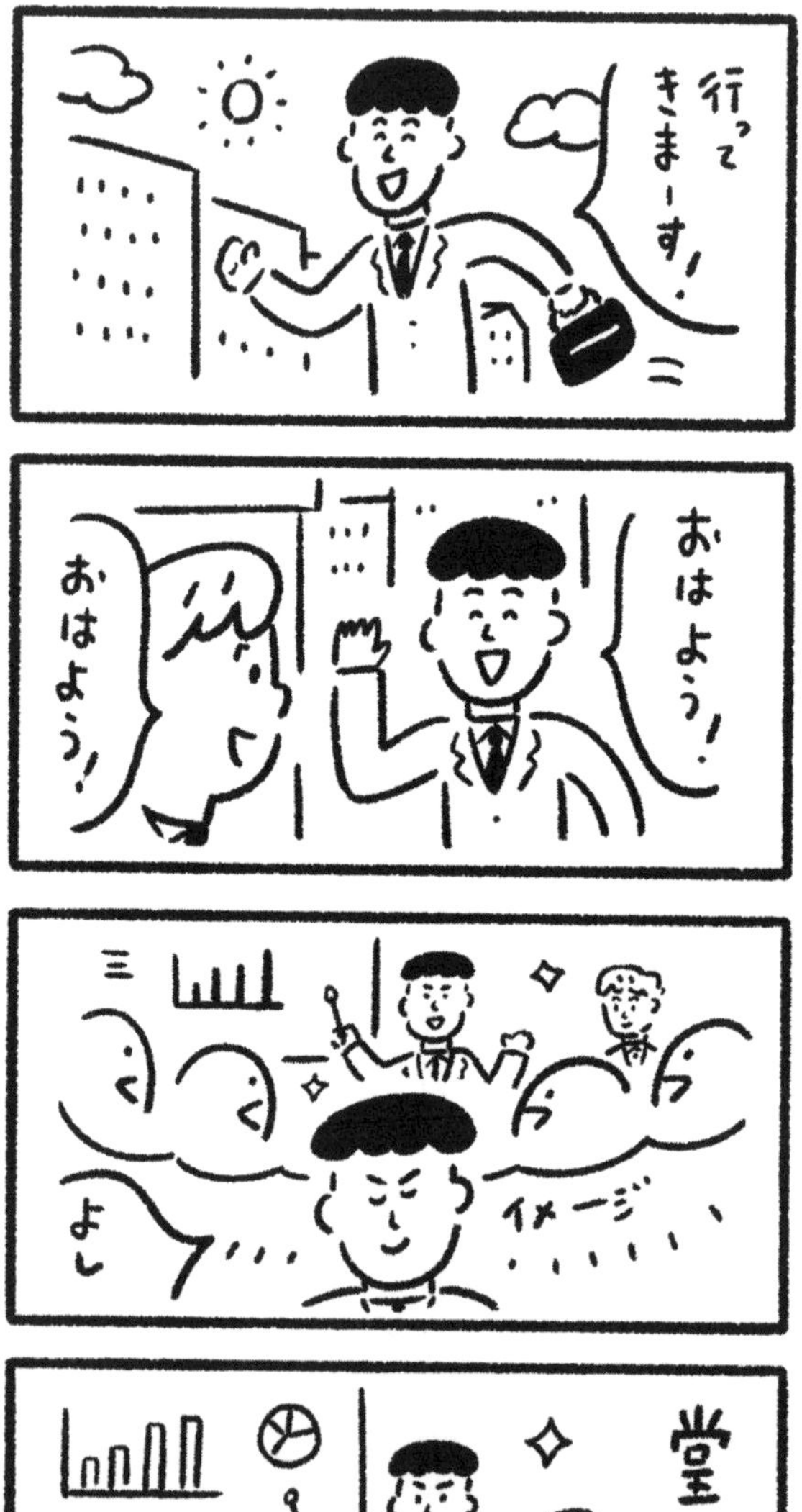

行ってきまーす!
おはよう!
おはよう!
イメージ
よし
堂々

実は大事な場面の前から勝負は8割決まっています。

トップアスリートたちに対するメンタルコーチングで、「これまで結果が出なかったときに何が違っていたか」と聞くと多くの人が「試合前の行動がダメだった」と言うのです。

つまり試合前の心の状態がその日の調子を決めてしまうということです。

メンタル面では、「プレーボール」やホイッスルの合図のずっと前から勝負が始まっているんです。

ですから、どの段取りで、どのような言葉や動作、表情を使ってメンタルをプラスに保つかを事前に決めて実行します。

例えば、プレゼンの当日。

会社で同僚に会ったら「おはよう」と元気よく挨拶する。

プレゼン会場に着いたら、意識して成功のイメージトレーニングを行なう。

プレゼン直前は、深呼吸して「よっしゃ」と前向きな言葉を発する。

こうすることで、本番で動じず、堂々と落ち着いたメンタルで臨むことができるようになります。

仕事でも試験でもデートでも使えますので、その日の朝から実践してみましょう。

勝負の日の朝は明るい動作・言葉を用いる

45 最初にやってみる

この山はオレのものだ
どけっ
いや、オレがもらう！
ヤイ
ヤイ
ハァ…
あんな所に空いてる山が！
小さい山だけど、オレが1番の山だ！
スゴイ…

仕事で勝ち抜くために「差別化」という言葉が使われることがよくあります。

確かに差別化が大事な場面もありますが、差別化と言っているうちは、所詮は競争の中に飲み込まれている状態です。

そこで「独自化」できることを考えてみる。

オンリーワンということです。

私がおすすめしているのは「最初にやる」ということです。

最初にやればすでにオンリーワンです。

だから私は「誰もやらないことは、私がやる」というキーワードを使っています。

私事で恐縮ですが、例えば次の通りに進めてきました。

・北陸で最初の独立したプロコーチになりました。

・北陸で最初にビジネスとスポーツの両方で成果を出すメンタルコーチになりました。

・北陸で最初のビジネス書ベストセラー作家になりました。

これで地域においては唯一の存在になったわけです。

すべては「やる」という勇気から始まります。せっかくやるなら「最初にやる」の精神でとことん挑戦してみてはどうでしょうか。

一念発起するのなら「最初にやる」の精神で挑戦しよう

46 プレッシャーが生まれたら「喜ばせたい人の顔」を思い浮かべる

不安・・
焦り・・
いい本にしなくちゃ!
よし!!
描くぞ!!

プレッシャーを感じるのは、失敗に対する恐れがあるからです。

「ここで行動しないとやばいよな…」といった心理状態ではうまく能力は発揮できません。

ではどうすればいいかというと「喜ばせたい人の顔を思い浮かべる」ということが大切です。

「失敗したらまずい」ということは自分だけに意識を向けて仕事しているということです。そうするとプレッシャーに押しつぶされてしまいます。

そんな時は「誰かを喜ばせたい」と大切な人が笑顔になっている状態をつくりましょう。トップアスリートが堂々とプレーをするのは、そういった応援する人の姿を思い浮かべているからでもあります。

私自身も、仕事で精一杯の時に、こんな若造に依頼してくれることがどんなにありがたいことかと気づかされた時に、依頼者を喜ばせるためにはどうしたらいいかワクワクし始めました。

自分の心の支えになるような人への感謝や、恩返しの気持ちがプレッシャーから解放してくれるのです。

自分以外の喜ばせたい人に意識を向けてみましょう。

「大切な人が笑顔になっている姿」を想像してプレッシャーに強くなる

47

「時間がない」ではなく「どれだけの時間がかかるのだろうか」

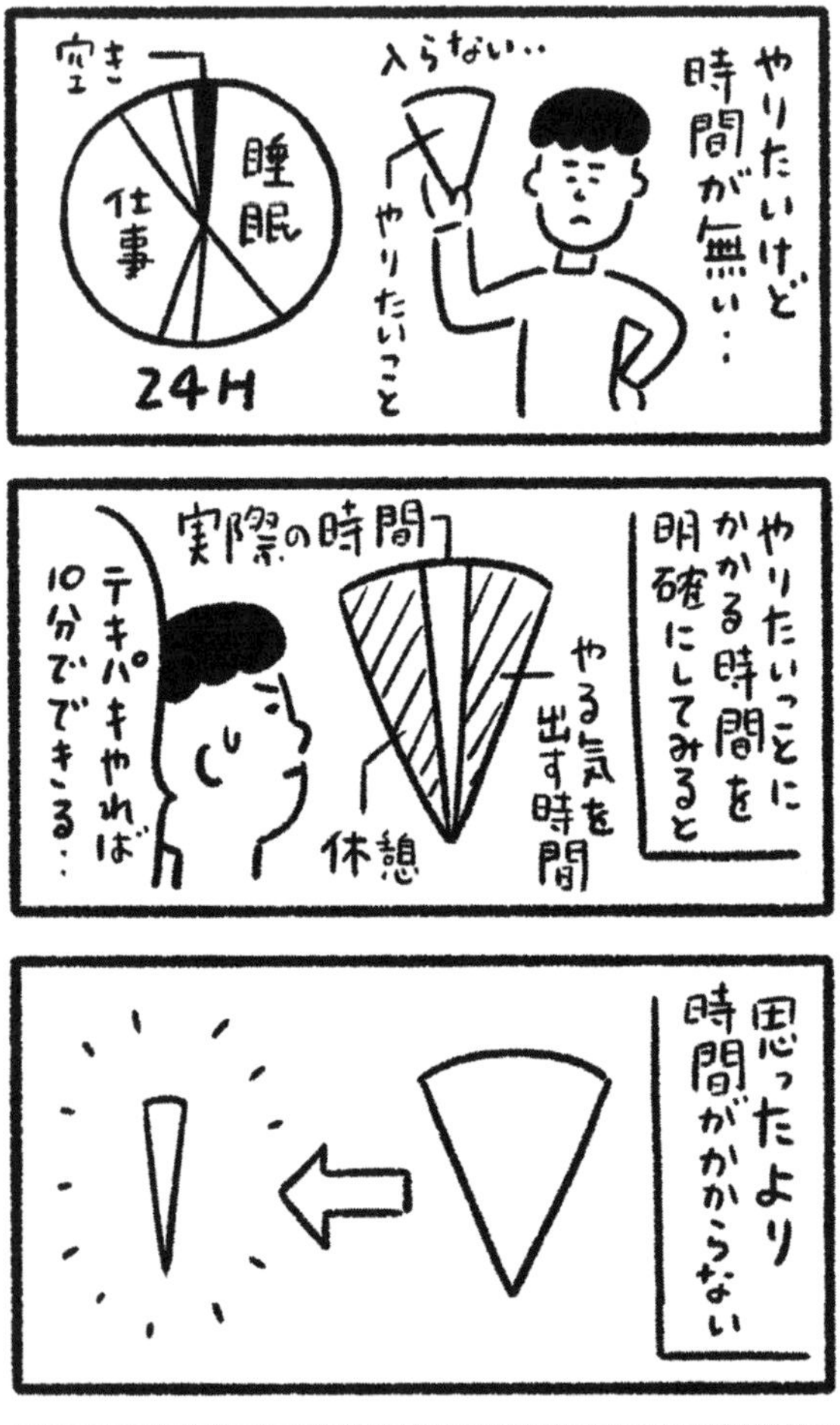
やりたいけど時間が無い・・
入らない・・
やりたいこと
空き
睡眠
仕事
24H
やりたいことにかかる時間を明確にしてみると
実際の時間
やる気を出す時間
休憩
テキパキやれば10分でできる・・
思ったより時間がかからない
入った!!
やりたいこと
睡眠
仕事
これならできそうだ!

「必要な時間を意識すれば、本当はやれることに気づく」瞬間を私は多く見てきました。アスリートから高校球児まで、「時間がない」という選手には、次のように聞いています。

「そうか、時間がなかったのか。ところで、君の課題は、どれだけの時間がいるんだ？」

ある高校球児はしばらく考えた後、こう答えました。

「15分です」

それを聞いた他の選手たちから笑い声が上がりました。

実際のところ、「時間がない」という選手は、本当は「気が乗らない」など別の理由でやろうとしていないだけ、というケースが意外と多いのです。

1日24時間という時間だけは、すべての人に平等に与えられています。

実現したいことに対して、どれだけの時間を使うかで結果が決まるのです。

「時間がない」と言い訳していては何も始まりません。

何にどれくらいの時間がかかるか把握しておきましょう。そして細切れ時間を有効に使って努力を重ねた人だけが、夢を叶えられるのです。

ぜひ実践してみてください。

行動するには「どれくらいの時間がかかるか」書き出す

48 行動したいならどストレートに前向きな言葉を使う

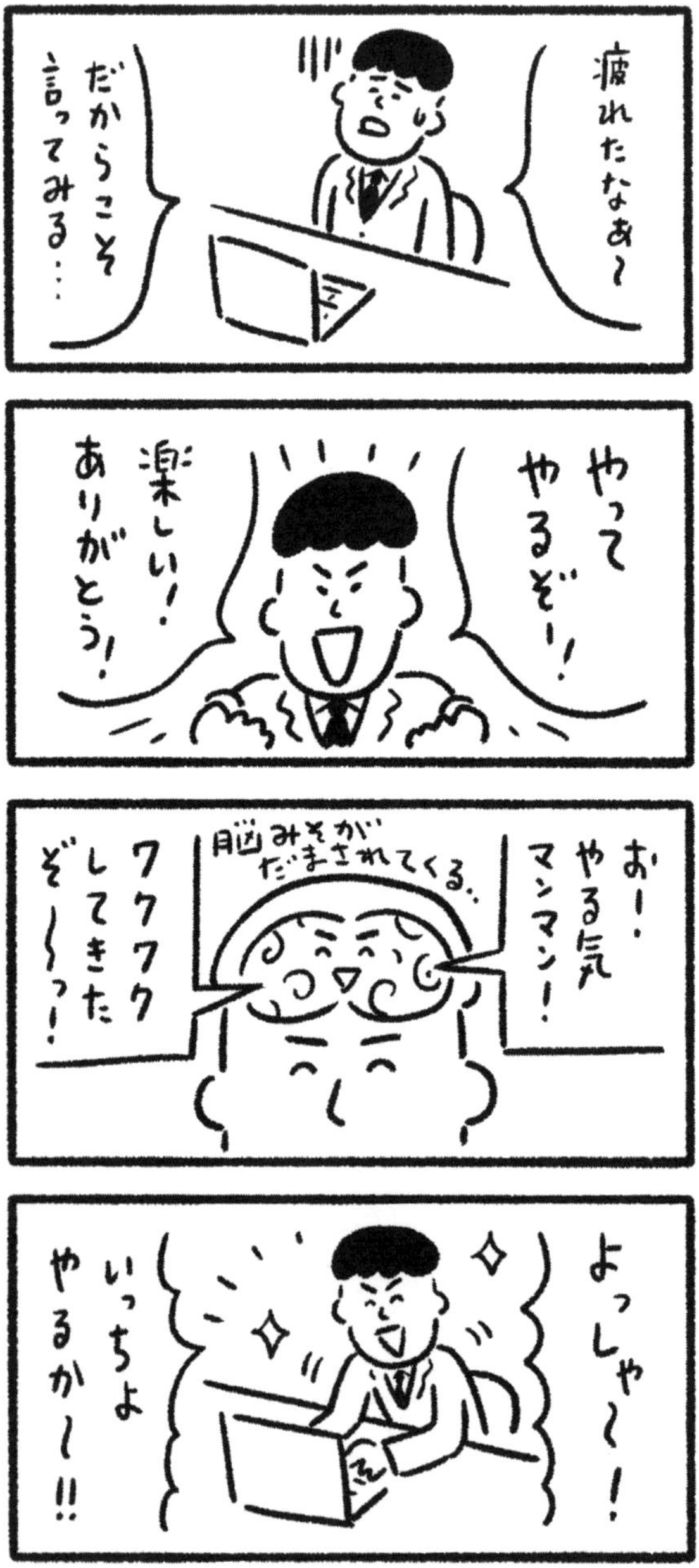
疲れたなぁ〜
だからこそ言ってみる…
やってやるぞー！
楽しい！ありがとう！
おー！やる気マンマン！
脳みそがだまされてくる…
ワクワクしてきたぞ〜〜っ！
よっしゃ〜！
いっちょやるか〜!!

もし、前向きに行動したい、幸せな人生を送りたいと思うのなら、自分にパワーを与えたり、幸せを与えてくれる言葉を使いましょう。

例えば次のような言葉です。

「よし、やってみるか！」

「幸せです」

「感謝しています」

え、そんなの思ってもいないのに言えないと感じたかもしれませんが、ポイントは思っていなくてもいいという点です。

繰り返しお伝えしますが、脳は思っていることよりも、口にしている言葉を信用します。

逆にやる気がそがれるような言葉は、

「嫌だ」

「疲れた」

「忙しい」

という言葉で、使えば使うほど口にしている言葉の通りのことが起きてきます。常に自分にかけている言葉の質によって、感情が変化し、人生の質まで変化していきますよ。

「よしやってみよう」「感謝してます」などの前向きな言葉を多用する

49 行動できない自分を責めない

行動したい!!
でもできてない…
行動したらどうなる？
目標達成した先に…
理想の自分の姿…
おお！
やる気出てきた！

「やらなければいけないこと」があるのに、行動ができていないことを責めてもなんの解決にもなりません。

自分を責めて、否定的に考えるのは意味のない時間だと心得てください。

脳が不快を示して、どんどんとネガティブな状態に陥ってしまいます。

これは、相手に対しても同じです。

誰かを指導する立場にあるときに、「なぜ、できないんだ？」と問うてもうまくいきません。相手としては「できなかった自分」のことばかりを考えてしまうからです。行動のブレーキになるかもしれません。

こういうときは「うまくいったらどうなる？」と問いかけて、「うまくできている自分」をイメージしてもらうようにしています。

トップアスリートにも必ずそういうイメージトレーニングを行なっています。それはなぜかというと、人が行動するときには、どんな場合でもイメージが先行しているからです。

あなたもできない自分を責めるのではなく、「できている自分」のイメージを思い浮かべるようにしてみましょう。

自分を責める時間をなくす

50

勝負どころでは「行動シナリオ」を事前に作る

はじめて登る山だ…こわいなぁ〜
まずはしっかり地図を見よう
MAP
川を越えて…
岩のコースを進んで…
山頂
ゴールだ!
よしっ!これで安心して登れるぞ〜!

私たちは知らないことや未経験の物事に対して恐怖心をいだいたり、不安になったりとマイナス思考になりやすいのです。

しかし、これからどのようになるかをわかっていれば恐怖や不安からマイナス思考になることを防ぐことができますね。

脳は現実かイメージか区別しないで記憶するという特徴がありますから、その特徴を生かしてイメージの中で経験してしまうのです。

ここで大切なのは、ただ単にイメージするのではなく、イメージする順番とその時に必要な心の状態を作っておくことです。

これを「メンタルリハーサル」と言います。

朝起きてどういう表情か。

本番で自分はどうやってうまく行動しているか。

ピンチが起きたら、それをどのように乗り越えているか。

成功した後に応援してくれている人はどのように喜んでくれているか。

このように本番前、本番中、ピンチの場面、本番後まで細かくイメージできると良いですね。

自分のサクセスストーリーのシナリオを描いて、イメージを現実にしていきましょう！

自分の成功イメージを細部まで「リハーサル」する

51 同じ時間に同じことを「1つ」続ける

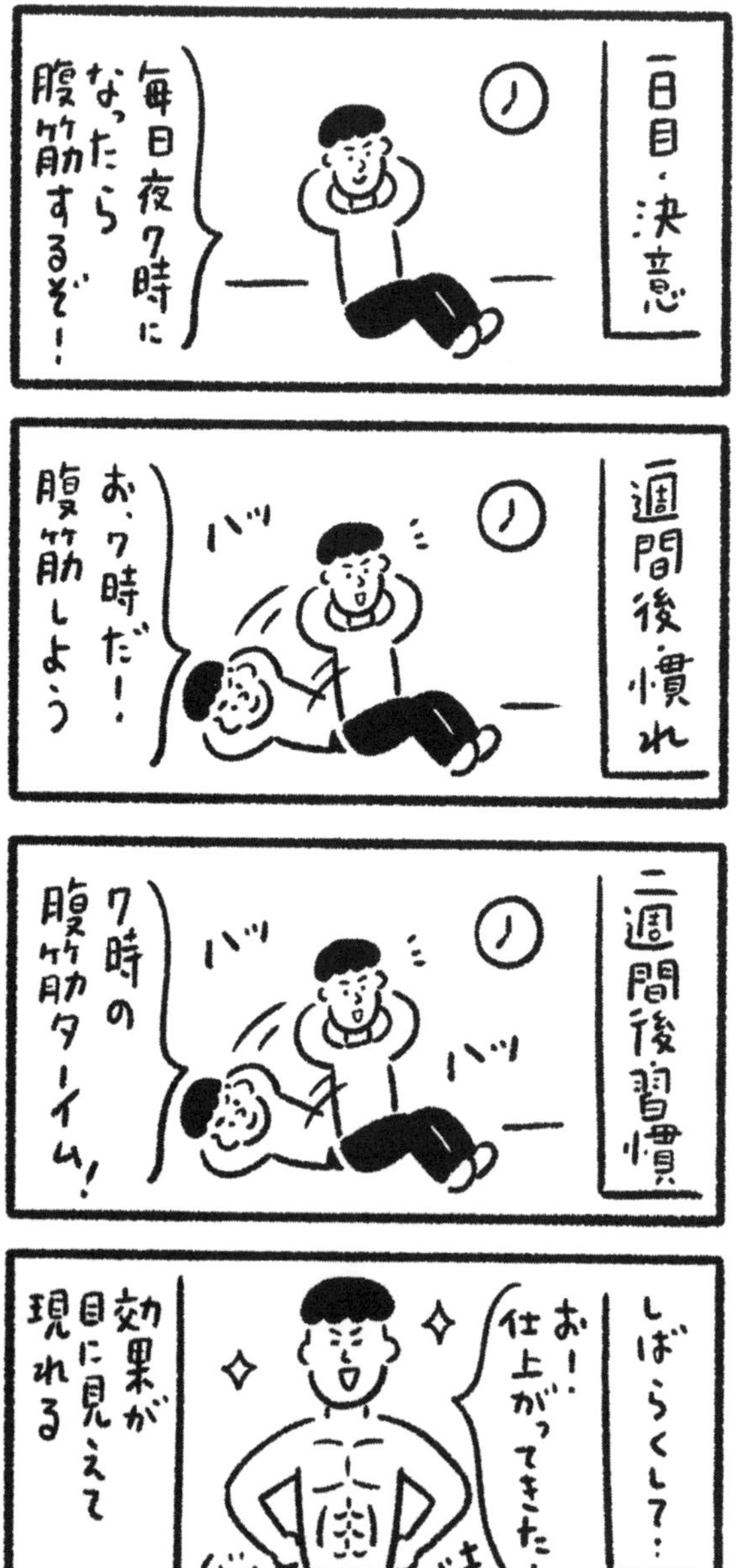
一日目・決意
毎日夜7時になったら腹筋するぞ!
一週間後・慣れ
バッ
お、7時だ! 腹筋しよう
二週間後・習慣
バッ
バッ
7時の腹筋ターイム!
しばらくして…
お!仕上がってきた!
バキ
バキ
効果が目に見えて現れる

初めの項目でも「1」積み上げることが大事というお話をしました。

私が最後に推奨する「小さな行動を継続するコツ」は、同じ時間に同じことを2週間行なってみることです。

試してみてダメなら、他の行動をまた「1つ」積み上げて、継続できるものを習慣としてしまいましょう。

これさえできれば、どんなに大きな夢や目標も実現できます。

このことを見えないツボでお話をさせていただくことがよくあります。

中身が見えないツボに水を入れていくと、どれだけ溜まったかはわかりませんが、いつか必ずいっぱいになって水が溢れ出てきます。この溢れ出た時が実現した瞬間です。水を入れ続けることで、確実にいっぱいになるのです。

私が尊敬するイチロー氏もこう言っています。

「小さなことを積み重ねるのが、とんでもないところへ行くただ一つの道だと思っています」

すごく重みがありますね。

小さいことを「コツコツと続けること」が結局、成功の秘訣なのです。

コツコツと同じ時間に同じことをすることが成功の近道

特別付録

メンタルアップ
チェックリスト

コツコツ実践して
メンタルアップ習慣
を身につけよう

01

小さなことを1日1つ積み上げて毎日「昨日の自分超え」をする

02

感動して涙を流す体験は「ストレスに強くなる」効果がある

03
笑顔をつくると脳がだまされプラス思考へと好転していく

04
嫌な1日だったとしても寝る前に「いい日だった」と言えばいい

05
1日の終わりに「できたこと」を書き出して気持ちをリセットする

06
否定的な言葉を使ってしまったときは即「今のはナシ」と言葉にする

07
失敗した過去のことよりも「未来の成功」のことを考える

08
「～してはいけない」という言葉遣いをやめてみる

15
自分以外の人の目線に立って視野をドンと広げてみよう

16
「人は変わらないものだ」と思って自分を変化させていこう

17
悪口を言い合うような場所への誘いは基本的にシャットアウト

18
怒りを相手にぶつける前に間を置いて呼吸を整える

19
最悪と最善の2パターンは常に想像した上で行動する

20
どんなに些細なボランティアでも自己肯定感は高まっていく

21
大事な場面で力みすぎたら逆にもっと力を入れてみる

22
マイナスな出来事には「だからこそ～」と肯定的にとらえる

23
「できたらいいな」と思うことを月初に書き月末に結果を確認する

24
「ありがとう」はシンプルだけど超重要な言葉

25
悔しさは留めておかず思いっきり吐き出そう

26
「居心地が悪い」と思う場所から別の場へ動いてみよう

33
「どんな感情を得たいか」を考えれば目標が徐々に見えてくる

34
「しなければいけない」ことは1つもないので無責任になって考える

35
ワクワクと「成長できる」選択を優先していこう

36
イメージングは細部まで描くことが成果を高める

37
目標を言葉にすることで個人もチームもモチベーションが高まる

38
働く理由を見失ったら会社やチームへの「問題意識」を持つ

39 優先順位を決めて「一点突破」が目標達成のカギになる

40 行動できないときは「やらないとどうなるか」デメリットを書き出す

41 自分が「できていること」にフォーカスするクセをつける

42 ルーティーンは心を整えてくれる作業だと心得る

43 いつもの習慣に新しく始めたい習慣を結びつける

44 勝負の日の朝は明るい動作・言葉を用いる

45 一念発起するのなら「最初にやる」の精神で挑戦しよう

46 「大切な人が笑顔になっている姿」を想像してプレッシャーに強くなる

47 行動するには「どれくらいの時間がかかるか」書き出す

48 「よしやってみよう」「感謝してます」などの前向きな言葉を多用する

49 自分を責める時間をなくす

50 自分の成功イメージを細部まで「リハーサル」する

51

コツコツと同じ時間に同じことをすることが成功の近道

おわりに

自己肯定できる人と自己肯定できない人の習慣

ピンチや逆境にどう対処するか

「ピンチはチャンス」という言葉があります。

ピンチをチャンスにできる人と、そうでない人の差はどこにあるのでしょうか？

結論から言うと、ピンチをチャンスにできる人は、「ピンチや逆境を受容できる」ということです。ピンチや逆境の状況を受け入れ、挑戦することで成長の糧にできる人といえるでしょう。

受容 → 挑戦 → 成長

このサイクルを回すと、自己肯定できるようになり、自信を得ることができます。

逆にピンチや逆境をそのまま放置し、もっと状況を悪くしてしまう人もいます。

そんな人の特徴は「ピンチを拒絶している」のです。

そして現実から目を逸らして逃避してしまい、何事に対しても諦める習慣が身についてしまいます。

拒絶 → 逃避 → 諦め

このサイクルが回ると、自己否定するようになり自信が失われていきます。

では、受容する人と、拒絶する人はどこが違うのでしょうか？

ポイントは物事のどの面を見ているかということです。

「ある」ところを見ているのか「ない」ところを見ているのか。
「できる」ところを見ているのか「できない」ところを見ているのか。
「プラス面」を見ているのか「マイナス面」を見ているのか。
そして、これがそのまま結果の差になっていくのです。

自己肯定感が低い人はマイナス面ばかり見ている

うまくいかないことだったり、失敗したという体験に対して、自己肯定感の低い人は情報のマイナス面ばかりを見ているのです。

それに対して、エジソンのように何度失敗してもあきらめなかった人というのは、「失敗が成功のもとになる」と情報のプラス面を見る習慣があるだけなのです。

仮に、試合で負けたとしましょう。

負けたという事実に対して「自分には能力がない」「あのチームには勝てる気がしない」などとマイナス面ばかりを見ていると、ますます自信を失い、できない自分がつくられていきます。

しかし、試合に負けたという事実を「もっと自分の能力を伸ばすチャンスだ」「試合でうまくできないところがわかった」などとプラス面で捉えることもできるのです。

このように視点を変えることで、自分に対する見方も変えることができ、自分否定パターンを自己肯定パターンに変えることが可能になります。

自分には「良いところはない」「自信をもってできることがない」と自己肯定感が低くなっている人は、意識して物事のプラス面を見るようにしてみましょう。

この習慣を身につければ怖くありません。

小さな一歩から実践してみる

かく言う私自身も、13年前に起業したときは自信が持てず「会社を辞めなければよかった」と後悔を繰り返す日々でした。

住宅ローンを抱えて、貯金もゼロ。

子供は小学校高学年になっていました。

何の保証もない世界で、自分の看板だけで食べていくことに不安しかありませんでした。

どう考えても無謀だと…。

しかし、本書にも記してきたことを実践することで、自分が変わり始めたことを実感しました。「やれるかも」と思えるようになったら、あとは突き進むのみです。

気がついたら、多くの人の夢や目標の実現に関わり、著者になって本書で7冊目を発行するまでになっていました。

本書に書いたことは誰にでもできることです。
そして小さいことでも小さいことでも実践すれば必ず変わります。
あなたは「やればできる！」

著者プロフィール

飯山晄朗 Jiro Iiyama

◎メンタルコーチ
◎銀座コーチングスクール認定プロフェッショナルコーチ。
JADA(日本能力開発分析) 協会認定 SBT マスターコーチ。金沢大学非常勤講師。
◎富山県高岡市出身。石川県金沢市にオフィスを構え、全国で活動している。
◎メンタルコーチを務める高木菜那選手が平昌五輪女子スピードスケートで日本女子史上初めて同一大会で２つの金メダルを獲得、競泳の小堀勇氣選手がリオデジャネイロ五輪800mフリーリレーで1964年東京五輪以来52年ぶりとなる銅メダル獲得、名門野球部を復活させ、２４年ぶりの甲子園決勝へ導くなど、その実績は数えきれない。
◎主な著書に『いまどきの子のやる気に火をつけるメンタルトレーニング』(秀和システム)『勝者のゴールデンメンタル』（大和書房）などがある。

メールアドレス　office@coach1.jp
なお、サポートに関しては、SBT のノウハウのみならず、コーチングやマネジメント手法も取り入れております。メンタルサポートや経営サポートについて、詳しくはメールでお問い合わせいただけると幸いです。
参考：SBT 認定講座公式サイト　http://sbt-trainers.com
　　　銀座コーチングスクール　https://www.ginza-coach.com

心《こころ》がどんどん強《つよ》くなる
超《ちょう》メンタルアップ10秒習慣《びょうしゅうかん》

2020 年 2 月 1 日　第 1 刷発行

著　者　飯山晄朗《いいやまじろう》
発行者　佐藤　靖
発行所　大和《だいわ》書房
東京都文京区関口 1-33-4
電話　03-3203-4511

カバーデザイン　井上新八
本文デザイン　荒井雅美（トモエキコウ）
イラスト　たろう（な気分）@OONO_TARO_B
校正　鴎来堂
本文印刷　厚徳社
カバー印刷　歩プロセス
製本所　小泉製本
編集担当　大野洋平

ISBN978-4-479-79711-1

http://www.daiwashobo.co.jp

そこで私のクリニックでは、医師や看護師などの職員と患者が「協働意思決定（Shared Decision Making：ＳＤＭ）」をしながら治療を進めています。これは医師や看護師から十分説明を受け、疑問点は質問して解消し納得のうえで治療を受ける「インフォームドコンセント」をさらに発展させたものです。医師が一方的に「あなたにふさわしいのはこんな治療です」と提案するのではなく、患者から出てきた希望や夢に向けてそれを実現するために具体的にどんな治療をしていくのかを決定します。これによって進学や就職、妊娠・出産、海外旅行など個人的な夢や希望を叶えることができるのです。

本書は、リウマチという病名に打ちひしがれている人にこそ、現在の治療法によって今はどんな病気になったのかを正しく知ってもらいたいという思いから執筆したものです。リウマチはもはや不治の病ではなく、症状が治まった「寛解」、薬を使わなくてもその状態が維持できる「完治」も目指せるようになったことを理解してもらえれば、病気を理由に夢や希望をなに一つ諦める必要がないことも実感できるはずです。

この本によって、一人でも多くの患者が夢や希望の実現に向けて歩き出してくれれば、著者としてこれほどうれしいことはありません。

完治を目指す　リウマチ治療　目次

［第3章］ 寛解・完治は夢じゃない！ 進歩を遂げるリウマチ治療

［第4章］「協働意思決定（ＳＤＭ＝Shared Decision Making）」で　患者と医師二人三脚で完治を目指す

［第1章］

ある日突然、リウマチに――もう日常生活は取り戻せないのか？

リウマチという病名の衝撃

この本を書店で手に取った人は、自分はリウマチではないかと心配している人やリウマチと診断された人、あるいは現在まさに医療機関に通い治療が続いている状態の人など、なんらかのかたちでリウマチに悩まされている人が多いと思います。

しかしこの本を手に取ったということは、リウマチに対して不安を抱えながらも治療に対して前向きに取り組んでいる人であることは間違いありません。

現在では治療法が確立されているにもかかわらず、リウマチに対していまだに完治できない病気であるというイメージを抱く人が多くいます。実際にはどんな病気なのか詳しく調べないまま想像で、あるいは過去に見聞きして得たわずかな情報を寄せ集めただけで、多くの人が頭のなかで「リウマチ=不治の病」であると決めつけてしまっているのです。

「リウマチ」という名称もこの問題を生む一因です。例えば糖尿病なら糖分の取り過ぎで尿に異常が出る病気だろうとか、高血圧なら血圧が正常値より高くなる病気だろうとか、病名だけでもどんな症状なのかを漠然と想像することができる病気もあります。ところが、リウマチという病名はほとんどの人が一度は温泉の効能書きで見たり、耳にしたことがあると思いますが、名称だけではどんな病気なのかを想像することができず、正確に理解されていません。

こうした現状のため、医師からリウマチであると診断されると、まるで人生が終わったかのように絶望してしまう人もいます。実際に、リウマチと宣告され大きなショックを受け、救いを求めて私のクリニックに訪れるケースが非常に多いのです。

メディアの情報によって悪いイメージが増幅されている

リウマチに対する悪いイメージは、テレビやインターネット記事、ブログやＳＮＳの投稿をはじめとしたメディアが伝える情報にも大きく影響されることがあります。

リウマチにまつわるエピソードとして頻繁に取り上げられるのが、印象派の代表的なフランス人画家であるピエール＝オーギュスト・ルノワールのことです。彼は47歳で関節リウマチを発症し、晩年は手足をうまく動かせなかったことが知られています。彼の写真からも、変形した指と指の間に絵筆を挟み布で固定して、車椅子に乗りながらキャンバスに向かっていた様子が見て取れます。

美術展や絵画を紹介する本、テレビ番組などでルノワールの絵画とともにそうしたエピソードが添えられることで、知らず知らずのうちにリウマチは大変な病気なのだというイメージが私たちのなかで増幅されているのです。

また、インターネットでリウマチを検索すると、手足の指が変形した画像が大量に目に飛び込んできます。視覚的な衝撃は大きいもので、リウマチになるといずれはこのように指が変形するのかと、否が応でも重く暗い気持ちになってしまいます。

インターネット上では、画像に加えてリウマチになった人の体験をつづるブログもたくさん見つかります。リウマチの画像が目に焼き付いた状態では、どうしても意識が悪いほうへ悪いほうへと引き込まれてしまい、リウマチは大変な病気なのだという情報とイメージだけが重く心のなかに増幅されていきます。

私のクリニックを受診する人のなかには、散々ネット検索をしてきたことによって精神的にボロボロになった状態で訪れる人がいます。インターネットは間違いなく便利なものですが、与える影響が大き過ぎる点はよく注意しなければなりません。

インターネットですべてを鵜呑みにしてマイナスのイメージが植え付けられた状態では、頭のなかに治療という選択肢が浮かびにくくなってしまうことも問題です。

リウマチという病気のことをある程度理解したうえでネット検索をすれば、実際にはどんな病気でどんな治療法があって、どんな経過をたどっていくのかについても正しい情報に触れることができます。しかし、見るつもりのなかった画像から大きな衝撃を受けたばかりの状況では、情報の正しい取捨選択ができないのも無理はありません。

リウマチは年配の人が発症する病気だと思われていることも大きな誤解といえます。図表1のグラフが示すとおり、リウマチの発症年齢は多くの人が想像しているよりもずっと若く、30〜50歳代で最も多く発症します。この世代だけで全体の7割近くを占めているといわれています。そのため、若くして発症した人のなかにはなぜそれほど高齢でもないのにどうして自分が発症してしまったのか、という気持ちを抱く人もいます。この予想外の

図表1 リウマチと診断された年齢

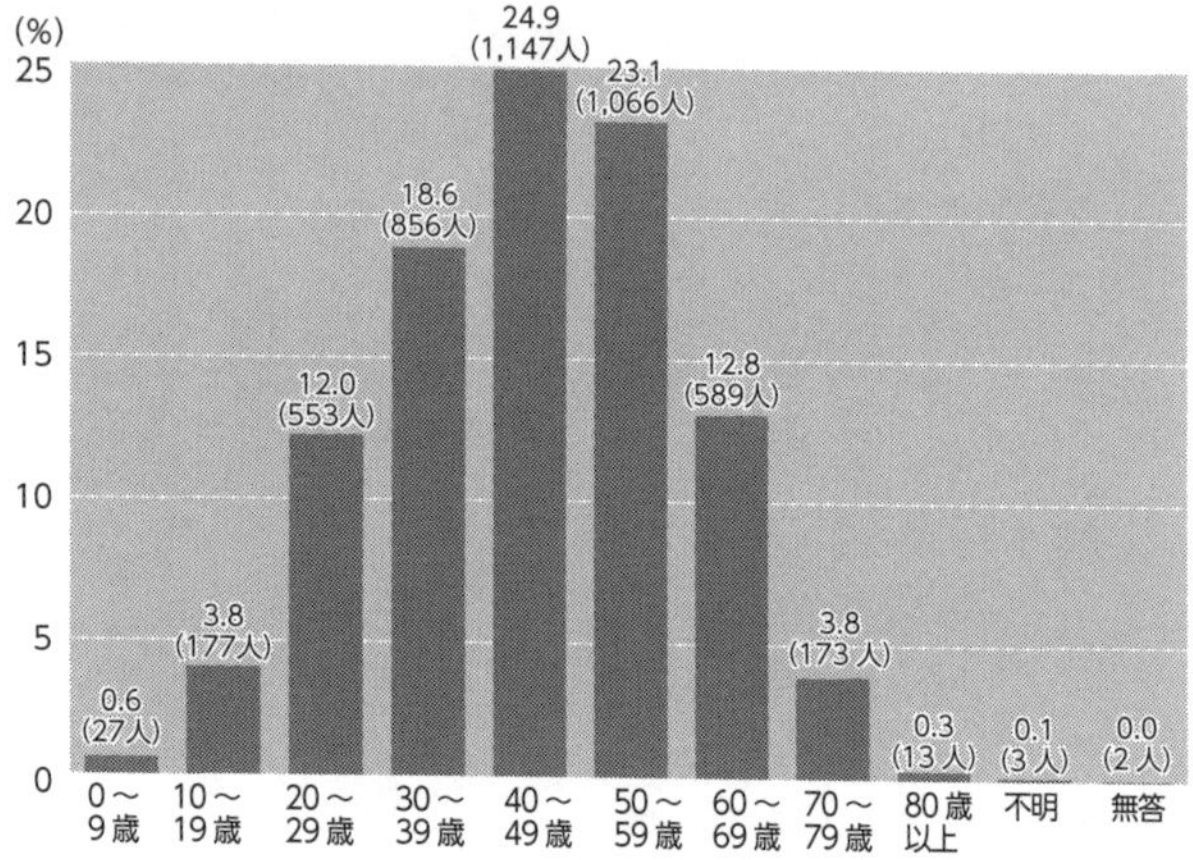

（公社）日本リウマチ友の会『2020年リウマチ白書〈総合編〉』

発症年齢もまた大きな衝撃の一つです。

周囲の無理解や治療が長引くことに対する不安も

また、リウマチによって自分の生活が変わることで周囲にどんな影響を及ぼしてしまうのかと不安を覚える人も多くいます。

身近なところでいえばまずは家族関係に対する不安です。今、自分が家族のなかで果たしている役割が通院や体調の悪化によって同じようにできなくなることで、家族に迷惑をかけることにならないかという考えは大きな心配のタネになり得ます。

家族が病気や治療を理解して快く応援

してくればいいものの、もしそうでなかったらと、心配しない人はいません。例えば普段から夫が子育てに協力的だとしても、そのうえ病気の面倒もみなければならないとなると、気持ちよく協力してくれるのか自信がない人もいると思います。

仕事をしている人であれば、その仕事を続けていけるだろうか、もし続けるにしても定期的に通院するための時間をとることが許されるのか、職場の人に嫌な顔はされないだろうかと気になるはずです。リウマチの治療がいったいいつまで続くのか、期限も明確に示すことがないのであればどのように受け止められるだろうかと思うのも当然です。

また、痛みを伴う病気、しかもそれが長期間続きそうな場合に多くの人は薬の連続服用による体への影響を心配します。日々の頭痛程度でも鎮痛剤を飲もうか我慢しようかなどと思案する人も多いはずです。それがリウマチ治療ともなれば、副作用が出るような強い薬を長期間服用することになるのではないかということも気になります。

私のクリニックの患者からは、最近は薬での治療を行うことで免疫力が低下して、新型コロナウイルスをはじめとした感染症にかかりやすくなるのではないかという心配の声を多く聞きます。

長期の治療が予想される場合、医療費についても考えなければなりません。自分で働いている人も、これまでどおり仕事を続けられるのかが不透明な状態で、継続して医療費を払い続けていくことができるのか心配になります。もし退職や休職を余儀なくされたら医療費の支払いはできるのかと想像しては、新たな不安にさいなまれる状況であるとも考えられます。

特に既婚の女性の場合は、治療費について相談しているとその場で結論を出さずに一度持ち帰って、主人と相談したいと話す人がよくいます。一家の家計を支える夫に聞かなければならないという気持ちもよく分かります。子どもが学校に通っている家庭の場合、自分の治療費のために子どもの教育内容を変更することはできないと話す人もいます。母親としては、子どもにできる限りのことをして、自分のことは最後に回そうと思うのも当然のことです。

また、学生など若くしてリウマチを発症した人からも、医療費の負担で親に迷惑をかけたくないと相談を受けることがあります。それもリウマチの治療が長期間にわたる不安から起こることです。

ライフイベントや夢は諦めなければならないのか？

リウマチの好発年齢である30～50歳代は、一般的に人生真っ盛りの時期といえます。仕事を精力的にやっている人は、リウマチになってもこの仕事を今と同じように続けられるだろうかと真っ先に思うはずです。女性であればリウマチ治療によって妊娠・出産に悪影響が生じるのではないかと心配になることもあります。幼い子どもの育児や親の介護を今までどおりに続けられるのか、家族に理解してもらえるのか、と不安を感じる人もいます。

進学や留学をして勉強に励みたい、憧れの職業に就きたい、いずれは結婚して子どもが欲しい、子育てが一段落ついたら再就職をしたい、仕事をリタイアしたらいろんな場所をゆっくりと旅行したいなど……、さまざまな人生の計画をリウマチになったことですべて諦めなければいけないのかと不安に思う人がたくさんいるはずです。今の生活を続けられるかも分からないのに、その先にある夢なんて到底叶えられないのではないか、もう夢をもつこともできないのではないかなどと、不安な気持ちを誰にも相談することができず一人で思い悩んでしまう人がとても多いのです。

しかし、リウマチになったからといって自分の人生や夢を諦める必要は決してありません。それには、リウマチは不治の病などではなく完治を目指せるものだという確固たる理由があるからです。

［第2章］

リウマチかもしれない人、リウマチと診断された人のためのリウマチの基礎知識

リウマチとは放っておくと関節が変形する病気

一般にリウマチと呼ばれている病気の正式名称は関節リウマチといいます。医学的にはリウマチは関節や滑膜《かつまく》、靭帯、軟骨といった運動器に炎症、痛みが起こる病気の総称です。結合組織の炎症に伴う全身性疾患である膠原病《こうげんびょう》のグループに分類されています。

そのなかでも代表的な疾患である関節リウマチは、２０１８年厚生労働省のデータによると日本に80万人も患者がいるといわれています。しかし、治療法や患者が実際にどのような生活を送っているのかなど、病気の実態はあまり知られていないのが実情です。そのため、分からないがゆえの恐怖心から、リウマチと診断されたときにショックを受ける人が多いのです。

実際にどんな症状があるのかというと、手や足の指、肘や膝などの関節に炎症が起こることで腫れて熱をもったり、痛んだりします。病気が進むと炎症によって軟骨や骨が破壊されて関節の機能が損なわれ、関節が変形していきます。さらには炎症が関節にとどまらず、肺や腎臓、血管など全身に広がることもあります。

図表2　正常な手とリウマチが進行した手の比較

正常な手

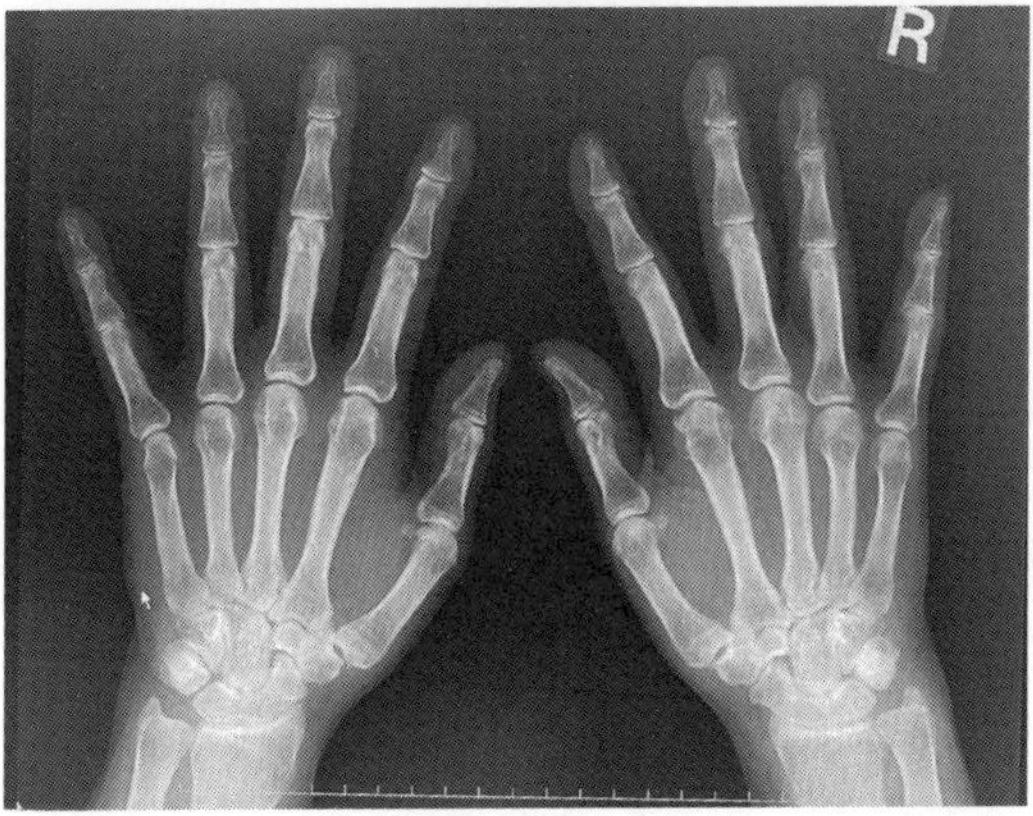

指は真っ直ぐに伸びていて関節の隙間があいているのが正常です

リウマチが進行した手

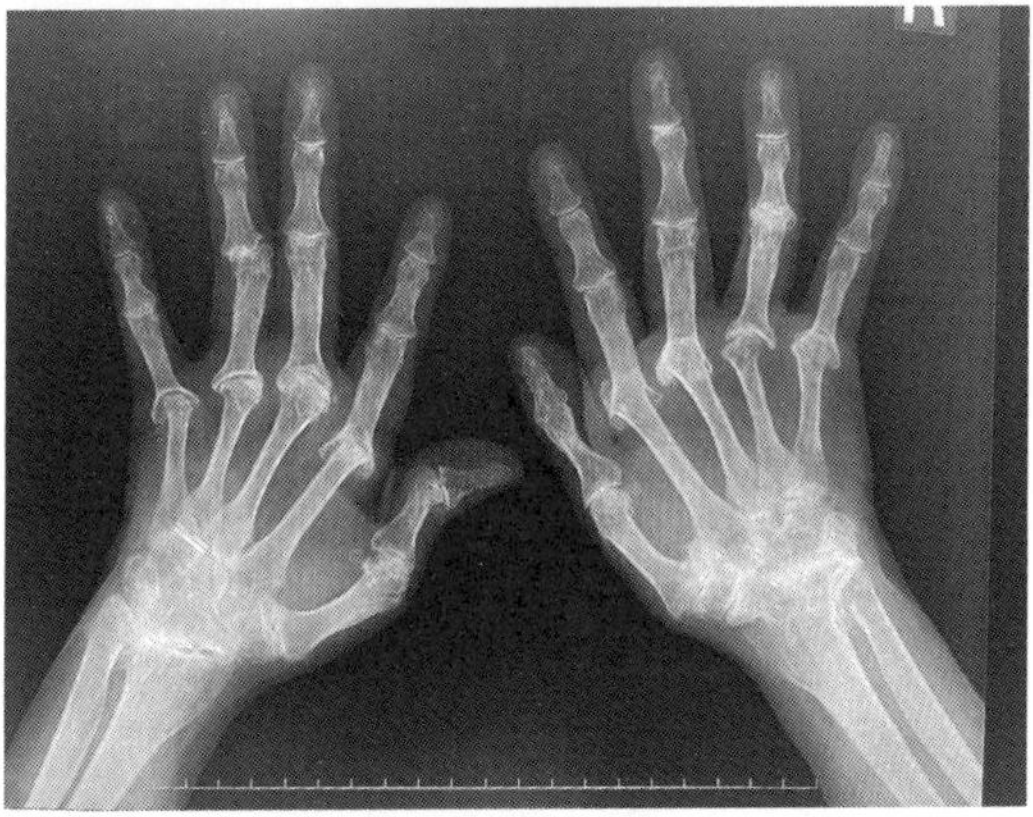

指は小指側に変形していて関節は重なり脱臼している箇所があります

このように列記すると確かに怖い病気のように思えます。そのため、なんの治療法もなかった頃は、一度発症したら一生治らない病気――すなわち不治の病だと思われてきました。

しかし、それはリウマチのことが何も分からずに手も足も出せなかった頃の話です。今はリウマチのことが詳しく知られるようになり、次第に対処法も分かってきました。

国際的な病名は〝Rheumatoid Arthritis〟といいます。英語ではこの名前のどこにも慢性を示す要素は入っていません。日本では慢性関節リウマチという病名がついていましたが、リウマチ治療に生物学的製剤が登場しパラダイムシフトが起きたことによって症状の進行を抑え込むことができるようになったことなどを受けて、２００２年に病名から「慢性」が外されて関節リウマチとなったのです。

そこでようやく日本もリウマチ学会を挙げて、決して慢性ではない病気として位置づけて治療・サポートしていくことになりました。放っておけば骨が破壊され関節が変形するような状況にまで進行する可能性もありますが、早くから治療を開始し症状をコントロールすることができれば骨の破壊を止め、関節変形まで進行させない病気であるという認識を新たに明確に打ち出したのです。

本書では関節リウマチを一般的に知られている名称のリウマチとして述べていきます。

関節が変化し、炎症が起こるしくみ

リウマチという病気は主に関節の滑膜に起こる炎症です。炎症が起こるメカニズムを表したのが、図表3です。

関節内で炎症が起こり、それが続くと関節の周囲を囲んでいる滑膜が腫れて、やがて軟骨や骨を破壊していきます。

リウマチだと医師から診断を受けたとき、たいていは自己免疫の異常によって炎症が起きて関節が壊れる病気といった説明を受けるはずです。本来なら体を守るはずの自己免疫が正常であればサイトカインが過剰分泌されることはないのに、なにかしらの理由で自己免疫が異常をきたしている状態となってしまいます。

発症原因はいまだに特定されていませんが、ある特定の遺伝子がリウマチの原因となるわけではなく、遺伝子配列の個人差（遺伝子多型《いでんしたけい》）と後天的な要素が組み合わさること

図表３　リウマチの関節の変化

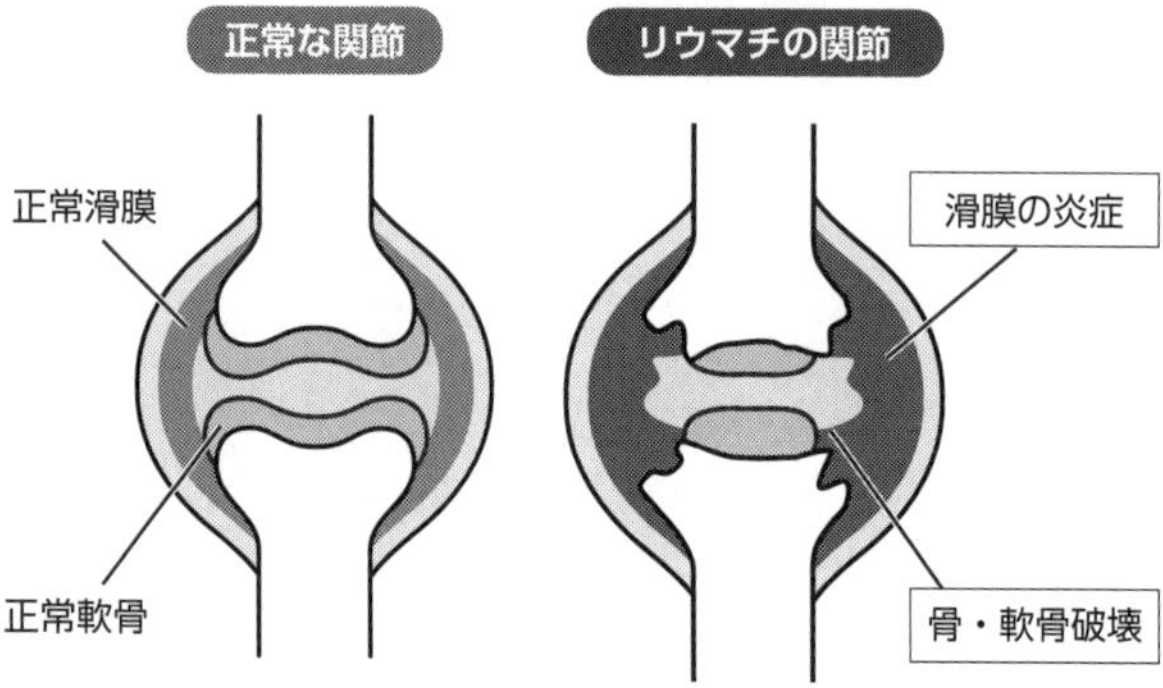

著者作成

で、リウマチにかかりやすい状態ができると考えられています。

　例えば、リウマチの患者は免疫に関連する遺伝子のなかでも「ＨＬＡ－ＤＲ４」という遺伝子型をもった人の割合が高いことが明らかになっていますが、実は健康な人でも40％程度の人がこの遺伝子型をもっています。また、この遺伝子型をもたなくてもリウマチを発症する患者もいます。ＨＬＡ－ＤＲ４は、リウマチを発症しやすくする数多くの要因の一つに過ぎないということです。遺伝的因子にウイルス感染などの環境因子が加わることで、免疫に異常が生じると考えられています。免疫は通常、体内に侵入したウイルスや細菌といった異物と、それらに感染した細胞などを攻撃して排除する働きをします。ところが免疫に異常が生じることで、誤って正常な細胞や組織を攻撃してしまい、炎症が引き起こされるのです。

なぜ自己免疫が異常な状態に傾いたのかは、遺伝的因子と環境因子の2つに分けて考える必要があります。

遺伝的因子とは体がもともともっている因子です。もって生まれた体質的に自己免疫を乱しやすい人がいます。

一方、環境因子として考えられているのがウイルスや細菌による感染、出産、ケガ、喫煙、ストレス、過労などです。感染のなかには歯周病、歯肉炎も含まれます。穏やかだった自己免疫の状態が、それらの外因によって乱されて炎症が起きていると考えられます。これらの外因とリウマチとの関係はかなり明確に分かってきています。

たばこの悪影響は以前から指摘されています。喫煙をしている人としていない人では喫煙者のほうが発症率は高くなります。アメリカでは喫煙によるリスクが注目されていて、特に血縁者にリウマチ患者がいるという遺伝的因子をもっている人に喫煙の経験があると、発症リスクは5倍になるとの報告があります（日本禁煙科学会2013年「喫煙・関節リウマチの確実なリスクファクター」)。

予防や発症した人がこれ以上悪化しないようにするには、禁煙や口腔ケアを行う、ウイルス感染対策をする、ストレスをためないようにするという方法は有効です。

女性が発症することが多い

環境因子には出産も含まれています。出産前後には女性ホルモンが大きく変動します。そのため、女性ホルモンとリウマチにはとても深い関係があります。リウマチの好発年齢である30～50歳代というのは、妊娠・出産、さらには更年期があり、女性ホルモンがジェットコースターのように変動する時期とぴったり重なります。

リウマチ患者の男女比を見ると、女性のほうが男性に比べて5倍も多く発症しており、やはり女性ホルモンが影響しているのは確かだといえます。

リウマチは妊娠にも大きく影響します。女性の体は妊娠している間に胎児を異物とみなして攻撃しないよう、一時的に免疫機能が抑えられるため、リウマチを発症している人でも妊娠中は症状が軽減することがよくあります。

しかし、出産すると今度は免疫機能が元に戻ろうとします。このときになって反動が起こって免疫の働きが必要以上に高まり、発症のスイッチが入ってしまい出産を経たあとにリウマチが悪化する女性患者は少なくありません。女性は子を産む性として複雑な免疫システムを備えているために、かえってリウマチのような自己免疫疾患を起こしやすい傾向があるといえます。

リウマチの正体がはっきり分かっていなかった頃は、リウマチになったら妊娠・出産は無理と思われてきましたが、リウマチの攻略法が分かった今では妊娠・出産ができる治療法も確立できています。

女性に比べて少ないとはいえ、男性でもリウマチになる人は一定の割合でいます。男性の場合は発症数こそ少ないものの、70歳を超えた頃から患者数が増えてくるのが特徴です。

全般的にリウマチのような自己免疫疾患は男性よりも女性に多い傾向があります。例えば、自己免疫疾患の全身性エリテマトーデスの患者数は男性を1とすると女性は9の割合です。涙の量が少ないドライアイや口内の唾液の少ないドライマウスといった症状が特徴のシェーグレン症候群に至っては、女性の患者数が男性の17倍といわれています。

リウマチは遺伝する?

家族にリウマチになった人がいる場合、リウマチが親から子どもに遺伝するかどうかは特に気になることです。遺伝子研究が途上の今、これもまたはっきりと解明されてはいないのですが、3親等以内の発症に限っていえば、発症する確率は3割程度です。また、親から子どもへリウマチが遺伝する確率は10%以下であるという報告があります。

一卵性双生児の一人がリウマチだった場合、もう一人もリウマチを発症する確率は15~34%という報告もあります。ただ、逆にいえば一卵性双生児でも残りの66~85%は発症しないことになります。

リウマチ発症者が家系に一人もいなかった場合の発症率は0・5%であるのに対し、発症者の兄弟姉妹が新たに発症する割合は5%というデータもあります。

これらの数値を高いととるか、そうでないととるかは人それぞれです。リウマチは親から遺伝子を受け継いだ子が必ず発症するというような明確な遺伝病ではなく、遺伝というよりも体質的な関係の要因のほうが大きいのではとの指摘もあります。

つまり、親がリウマチだったからその子どもも必ずリウマチになるというわけではないのです。とはいっても可能性はゼロではないため、自分の子どもにもリウマチが発症するのではないかと心配する親世代の患者が多いことも事実です。この場合も前向きにとらえて、発症するリスクは少なからずあるのだと早い段階で意識して先手の予防策を講じることもできますし、リウマチの初期症状かどうか分からない状態が長く続いて受診が遅れることは避けられます。家族にリウマチの人がいたという患者でも、こうして前向きにとらえていたことで早期発見、早期治療ができて日常生活に支障が出る状況を避けられたという人はたくさんいます。

リウマチの根本原因は未解明だが、発症のメカニズムの研究は進んできた

リウマチの発症がどのようにして起きるのか、その原因はいまだに不明ではありますが、関節の炎症や痛みが起こるメカニズムについては研究が進んできてかなり解明されつつあります。

リウマチは自己免疫疾患で、免疫細胞の誤作動によって起こるとされていて、この誤作動のカギを握るのがリンパ球などの免疫細胞です。リンパ球は自分の体にとっての異物を認識すると、異物を攻撃するための抗体をつくり出します。免疫が正常に働いているときはその機能が侵入してきたウイルスから体を守るために働きますが、リウマチの場合、手足などの関節を包んでいる滑膜という組織のタンパク質を異物と認識してしまい、抗体をつくり出して自分の体を攻撃してしまいます。

ちなみにこのときつくられる抗体は自己抗体と呼ばれ、リウマチの代表的な自己抗体にはリウマトイド因子などがあります。攻撃が始まると滑膜にはどんどん免疫細胞が集まってきて、リンパ球の一種のＴ細胞やマクロファージという大型の免疫細胞が大量のサイトカインという物質を放出するようになります。

サイトカインとは細胞間の情報のやり取りに使われる物質で、免疫細胞とともに滑膜細胞の働きを活性化し、激しい反応が生じます。これが腫れや痛みを起こす炎症の作用のしくみです。

リウマチに関わる代表的なサイトカインとしてはＴＮＦ－α（腫瘍壊死因子）やＩＬ－１

（インターロイキン－1）、ＩＬ－6などがあり、炎症を強める作用があるので炎症性サイトカインとも呼ばれます。

こうした炎症性サイトカインは滑膜で炎症を悪化させるだけでなく、骨を壊す破骨細胞も活性化させるため、関節軟骨や骨も徐々に破壊されてしまいます。また、サイトカインやプロスタグランディンなどの発痛物質が血液に乗って全身に運ばれるので全身のさまざまな関節や筋肉に痛みや炎症を起こします。

リウマチを発症した場合は、免疫細胞が滑膜を攻撃し始めてしまい、炎症を起こすのです。すると滑膜はふくれあがり、さらに滑膜細胞が増殖して盛んに関節液を分泌するようになります。このときの関節液には炎症性サイトカインなどの発痛物質が多量に含まれ、痛みを引き起こします。

関節の周囲には多くの神経が通っていて、滑膜細胞や関節液が増殖することによって神経が圧迫されることでも関節に腫れと痛みを起こします。

関節に現れる、リウマチが疑われる症状

リウマチの症状の出方は人それぞれです。10人いれば10通り、１００人いれば１００通りの症状が出ます。

大きく分けると、関節に現れる症状、関節以外に現れる症状、全身に現れる症状があります。

最も多く、初期から現れる症状が関節に現れる症状です。典型的には朝に手がこわばり握りづらい、手を使おうとするとごわごわした感じで動きづらいなどの症状が出現し、そのあとに図表４で示した位置に症状が出やすく、特に手足の指関節、肩、膝、肘にこわばり、痛みや腫れなどの症状が出ます。

早期治療を始めるためには、初期症状や兆候を当事者自身が見逃さないことがなにより肝要です。

図表4　リウマチの出やすい場所

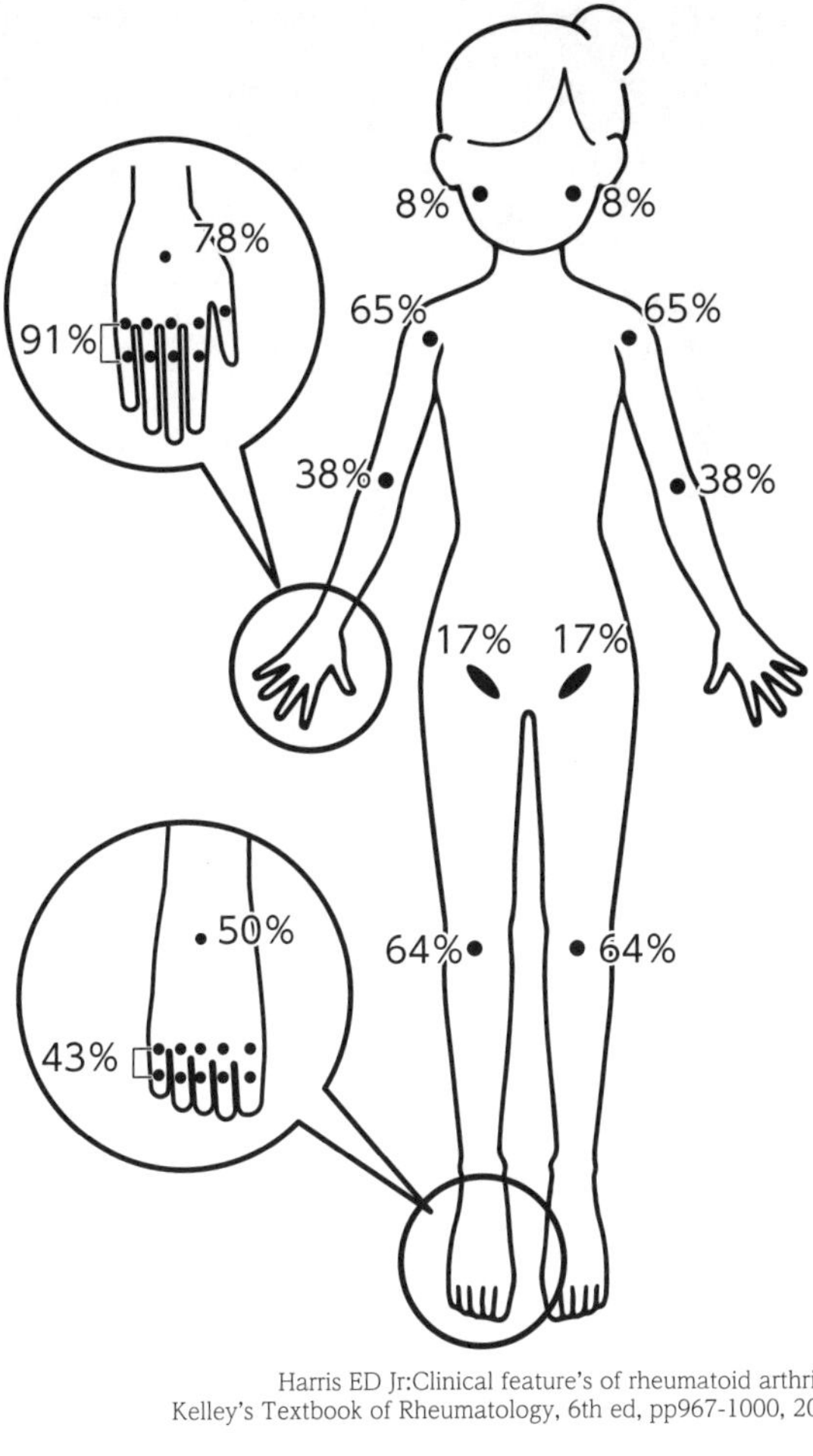

Harris ED Jr:Clinical feature's of rheumatoid arthritis.
Kelley's Textbook of Rheumatology, 6th ed, pp967-1000, 2001

代表的な初期症状

進行した状態の症状は聞きたくない、見たくないと思いがちです。しかし、それらは適切な治療をしなかった場合に至る症状であり、そうならないためにもしっかりと認識し、なるべく早く診断、治療を開始するべきです。リウマチとの診断を受けておらず、もしかしてリウマチかもしれないと悩んでいる人は次のチェックリストを確認し、該当項目があるときはできるだけ早めに専門医の受診を検討してください。

□起床直後の動作に違和感がある
□朝、歩いたときに足の裏に違和感があり、痛みを感じる
□ドアノブが回しにくい
□ペットボトルのキャップが開けにくい
□歯ブラシが持ちにくい
□牛乳パックが開けにくい

□箸がうまく使えない
□あくびをすると顎関節が痛む

さらに具体的な初期症状と考えられるケースとして次の3つがあります。

□起床時の関節のこわばりが15分以上続いているように感じる
□関節のこわばりや腫れ、痛みが2週間以上経っても続いている
□関節で腫れや痛みを感じる場所が体のおおよそ左右対称両側にある

起床時に関節のこわばりを覚える事例では、例えば、朝起きてすぐ手指を使う細かな作業がしにくいのですが、そのあとには症状が少し落ち着くことがあります。日中や夜間はこわばりも落ち着く初期の場合には関節内に炎症が起きていても外側からは分かりませんから、朝のこわばりは起床時の軽いむくみとつい思いがちです。人によっては、体がだるい、微熱が出る、食欲がない、体重が減るなどといった症状が出る人もいるのですが、これも風邪や疲れがたまっているのかと見過ごされることもあります。

朝にこわばりが強く出やすい理由は、就寝中に関節を動かすことが少ないので体液がた

まるためです。ベッドから起き上がろうとしてさっと立てなかったり、指が曲がりにくくてボタンがはめにくくなったりする人もいます。こうしたこわばりは日中でも昼寝をしたり、体を動かさずに同じ姿勢を続けたりしたときにも起きることがあります。

こわばりを覚える継続時間としては、60分以上、しかも4～6週間続くようならリウマチの疑いが濃くなってきます。

痛みについては、リウマチのごく初期の段階では、自然にしているとまったく痛みを感じていない関節でも押してみると痛みを感じたり、洗面のときに水道の蛇口をひねったり、掃除の際に雑巾を絞ったりと少し複雑な動きをすると痛みを自覚することもあります。

しかし、やがて何もしていなくても痛みを感じるようになり、痛みはずっと一定ではなく、時折強くなったり弱くなったりを繰り返しながら、徐々に症状が悪くなっていき痛みも強くなるのが一般的です。また、精神的なストレスや仕事などでの疲労の蓄積、寒さ、気圧の変化などにより痛みが増したり強くなったりすることも知られています。

リウマチの特徴としては、左右対称の関節に症状が出ることがあります。しかしこれは、完全な対称とは限らず、左は指の第二関節や手首で、右側は手首と肘などに痛みを感じるといった場合も左右対称ととらえます。時には片側一方だけに症状が出ることもあります。とにかく、こわばりが一定時間以上続いて関節に腫れや痛みを伴う自覚症状があるなら直ちに専門医を受診するべきです。

全身症状で見られる初期の兆候としては次の3つが挙げられます。

□だるさや疲れやすさを感じる
□微熱が続く
□食欲不振、体重減少がある

免疫の働きに異常をきたすと、関節の痛みのほかにもさまざまな症状が現れます。体がなんとなくだるい、少し動かすとすぐに疲れる、微熱が続くなどです。関節症状が出る前からこうした不調が慢性的に出ることもあります。このほか、結婚や出産、外傷、手術、就職・転職、リストラといった生活環境面の大きな変化やストレスなどがあったとき、更年期などの時期はリスクが高まるので注意が必要です。

関節は、骨と骨とが連結する部分で曲げる動作を可能にしています。伸ばす、曲げる、回すなどの基本動作をする動きをしているのが関節の構造です。関節の中では骨と骨とが、わずかなすき間を挟んで向き合っており、相対する面は軟骨で覆われています。軟骨は水分の多い弾力性に富んだ組織で、骨同士がぶつかって痛みが生じたり、損傷したりしないようにクッションの役割を果たしています。

骨の連結部分全体を包んでいるのが関節包という袋状の組織で、滑膜がその内側を覆っています。この滑膜の異常がリウマチの主な原因となります。滑膜は関節液という液体を分泌して、関節包の内部を満たしています。関節液は軟骨に栄養を運んだり、老廃物を回収したりする働きがあるほか、関節を動かす際の潤滑油のような働きもしていて、これらがそろった状態が保たれていれば人間はスムーズに関節を動かすことができるのです。

関節の炎症が進むと痛みや腫れが出てきます。関節を動かさなくても痛みが出ることもあり、動かし続ければ痛みが増します。手や足の先のほか、足首や肩、肘、膝、股関節など痛みがあちこちに移動することもあります。

次に炎症が進むと関節に熱感を伴い、ぷよぷよと柔らかく水がたまり、それが見た目からも分かるようになります。関節の摩擦を減らすために関節内の滑液がたまります。

さらに進行すると、ここからは関節が破壊され、脱臼したり、腱が断裂することから関節の変形も起こってきます。滑膜とあわせて骨にも変化が現れます。サイトカインなどによる刺激で破骨細胞が活性化されて、関節の軟骨が薄くなり、骨も少しずつ破壊されていってもろくなってしまいます。滑膜が増殖し軟骨を壊し、骨を徐々に侵食していく過程で関節に変形が現れ始めるのです。

最終的には破壊された骨と骨が互いにくっついたまま固まってしまう強直《きょうちょく》と呼ばれる状態になります。こうなってしまうと、もはや関節を動かすこともできなくなり、日常生活にも大きな支障をきたします。

指で変形が起こる場合は反り返ったり外側を向いたりして、スワンネックや尺側偏位という形になります。これらの変形をリウマチ変形といいます。ネット検索をしていて目に飛び込んでくる画像は、こうしたものです。

手指のようには目立たないものの、足にも変形が起きます。足の親指の変形は外反母趾となったり、小趾変形が起きると内反小趾となったりします。膝に変形が起こる場合もあります。関節の内側が破壊された場合は膝がO脚に変形し、関節の外側が破壊された場合は膝がX脚に変形します。肩関節で破壊が起きると脱臼を起こしやすくなり、肩関節をつないでいる腱も薄くなります。肩関節に症状が起き始めたときには、肩の周囲が痛んだり、腕を上げにくくなったりするため、五十肩と間違われることもあります。肘関節に破壊が起これば、肘は変形し、曲がったまま伸びなくなってしまうことがあります。こうなると髪をとかせなくなったり、ドライヤーをかけるときにうまく動かせなくなったり重くつらく感じたりします。

発症初期には少ないものの、発症から時間が経過する間に増えてくるのが股関節への障害です。破壊が起こると痛みが強く出るため歩くことが難しくなり、さらに進行すれば寝たきりになってしまいます。また、頸椎《けいつい》（首の骨）で進行すると骨がずれやすくなり、神経を圧迫するようになります。指関節に問題がなくても、ここでの神経圧迫から手を動かしにくくなることもあります。さらに悪化して脱臼すると脳の延髄という部分も圧迫するようになり、命の危険にも及びます。

しかし、これらの症状は、適切な治療がなされなかった場合のことです。以前のようなほとんど治療法がなかったというときは、ひどくなるとこのような状態になってしまうこともままありましたが、今の新しい治療法を実施すれば、このような状態にまで至ることはほとんどなくなりました。ただ、適正な治療を受けなかったらどうなるかを知っておくことは非常に大切です。

発症しやすい年齢には3つのピークがある

リウマチの発症には、年齢的に見て大きく分けて3つのピークがあるといわれています。

１つ目は30歳頃です。結婚や妊娠、出産など女性の生活が大きく変化する時期にあたり、新婚だったり子どもを出産したあとだったり仕事も続けながら家事や育児を頑張っている世代の女性が発症するケースです。若い世代で産後だったり幼い子どもの育児に追われたりすると医療機関への受診を先送りしてしまいがちですが、少しでも気になる症状が見られればためらわずに早めに受診するべきです。

２つ目は40歳から50歳にかけての更年期といわれる時期の世代です。女性のホルモンバランスが大きく変わる時期で、更年期になって症状が現れる人も少なくありません。以前に発症しながら比較的軽い症状で収まっていた人も更年期を境に急激に症状が悪化することがあります。更年期に、リウマチ以外の自己免疫疾患にかかる人も相当数に上っており、更年期障害の一つの症状として関節痛が現れることもあります。ですので、早期に治療を始めていくためにはほかの病気と鑑別する詳しい診断を受けられる専門医を受診することが重要です。

最後のピークが70歳前後です。以前は70歳を過ぎてリウマチを発症する人はまれでしたが、最近は高齢化が進行するなかで70歳以上になってから症状が強く出てくる人や、80～90歳代で発症する人もいます。また、50歳代で発症して十数年が経った60～70歳代でまた再燃してくる人もいます。

高齢になると、リウマチ以外にも糖尿病や高血圧、ＣＯＰＤなどの肺疾患、骨粗鬆症《こつそしょうしょう》、変形性関節症などの疾患を抱えていることが多いので、薬の飲み合わせや副作用にも細心の注意が必要です。

できるだけ早く治療を開始することが肝心

リウマチの治療開始は早ければ早いほど効果があります。リウマチのことがよく分からなかった頃は、発症後ゆっくりと進行し、関節や骨の破壊は発症から10年くらい経ってから起こると考えられていました。精度の良い検査機器がない時代は関節の外から見るしかなかったからです。

検査機器も検査方法も進歩するにつれて、実は早い時期から関節の内部では炎症が起きていて、破壊も始まっていることが分かってきました。まだ腫れや痛みを感じていない時期にもすでに炎症は起きているのです。

図表5のグラフは関節破壊の進行を示したものです。

下のラインが従来考えられていた関節破壊の予測です。一方で、上のラインは実際の関節破壊の度合いを示しています。実際には発症して2～4年ほどで一気に破壊が進行しています。できるだけ早く治療を開始して骨破壊の進行を食い止めることがなにより大切だということはこのグラフからも分かります。

図表5　関節破壊の進行

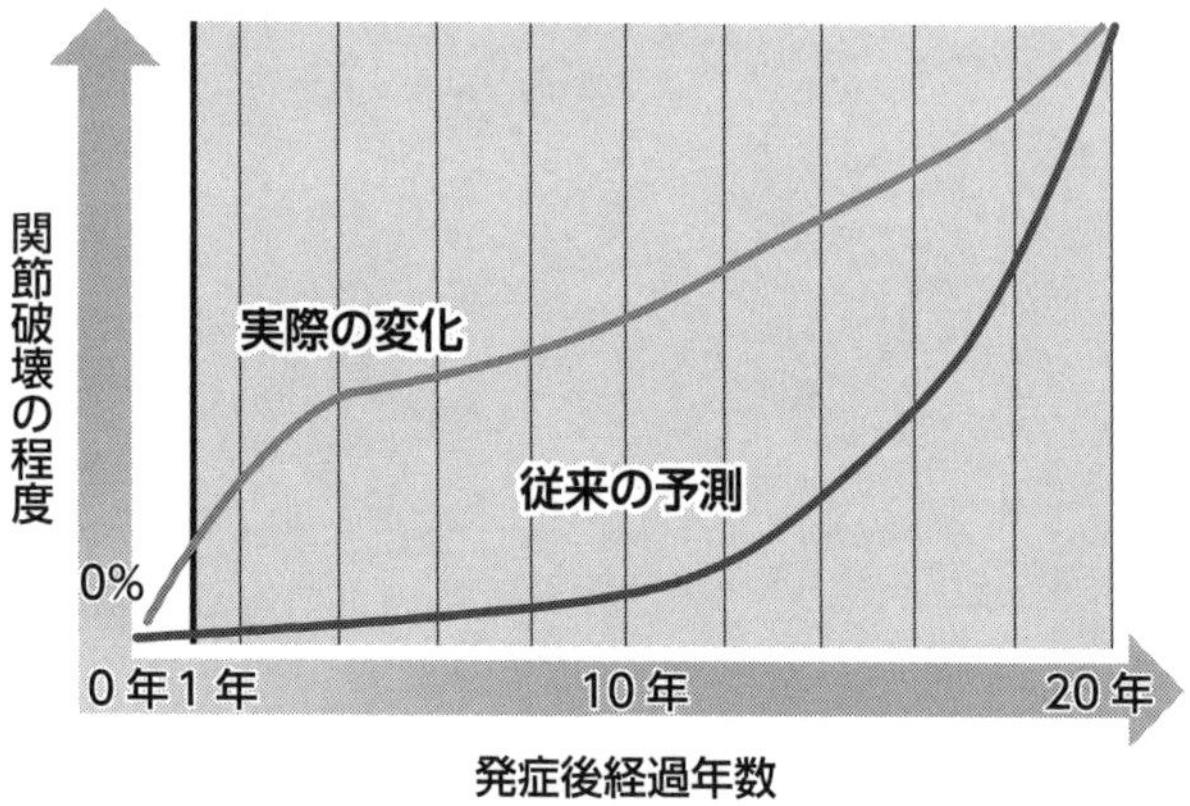

出典：HOWARD FUCHS, JEREMY J. et al. J Rheumatol 1989;16:585-91

治療の効果が高く、破壊をしっかり食い止められるのは発症後から2年間であるとされています。この間に骨破壊が一気に進行するため、放っておくわけにはいきません。治療は前半の2年の間にスタートダッシュを決める意識が必要です。これを「Window of Opportunity」と呼んでいます。「治療機会の窓」と訳し、治療効果の高い間だけ開いている窓という意味です。リウマチ治療では、治療に最適な限られた期間を表す言葉として用いられています。

つまり、リウマチ治療を実施するなら、発症から2年間の「治療機会の窓」が開いているうちに実施することがベストなのです。

現在、早期リウマチの定義はアメリカリウマチ学会では発症から6カ月までといわれているので、できれば治療の好機である6カ月以内に治療を開始したいものです。免疫細胞がなんらかのきっかけで暴走を始めてしまい、炎症反応が激しくなるともう抑え込むのは難しくなります。そうしたスイッチが入る前に治療を始めることが、治療効果やその後の経過を左右するのは間違いありません。

初期症状の時点でこれはリウマチだと気づける人はほとんどいません。こわばりも朝夕のむくみのように思えますし、例えば産後で赤ちゃんを抱っこしている時期ならそのために腱鞘炎になったのかなと思いがちです。すぐに良くなるかなと思っていたら時間が経ってしまったという人もいます。でもそうして3カ月、さらに半年と経ってしまうと、治療機会の窓が開いている時間がそれだけ短くなってしまいます。

内科の看板に「リウマチ科」と掲げる専門医を主治医に

なんとなく手のこわばりがあったり、手指の関節に違和感や痛みがあったり、感冒ではないのに微熱が続くといった自覚症状があったとき、最初に相談する医療機関は「リウマチ科」「リウマチ内科」の専門医であることが理想的です。内科や小児科、整形外科などといった診療対象科目が複数あるとき最初に挙げている診療科目がその医師の専門領域と考えられます。「リウマチ科」と「内科」が表記されている医療機関が理想です。

リウマチは専門的な知識や治療経験がない医師にとっては診断し治療していくのが難しい疾患です。もしも最初に受診した医師が診断を誤ってしまえばそれだけ治療開始が遅れてしまいます。みすみすその絶好のチャンスを逃し関節破壊、関節変形が進行してしまえばとても不幸で残念なことです。

日本ではまず、関節症状があると近所の接骨院や鍼灸院に駆け込む人が多いです。しばらく通ってみてもなかなか良くならないと次に整形外科に行き、そこでも状態が変わらず、やっと「リウマチ科」「リウマチ内科」にたどり着いた頃には1年くらいかかっている人もしばしば見られます。

今、どこの診療科を受診しようかと迷っているなら、できるだけ早くリウマチ専門医がいる病院・クリニック（できれば内科）を受診するべきです。もしリウマチと診断されなければ、リウマチでなくてよかった、と思ってもらえればよいだけです。その判断が今後の人生を変えるといっても過言ではありません。

日本リウマチ学会ではリウマチ専門医を、日本整形外科学会でも専門医の認定をしていて、いずれも一定期間の研修を受けるなどの各機関の定めた条件に合格すれば認定されます。しかし、注意すべきなのはこうしたなかには一部でリウマチ治療の経験がそれほどないのに専門医の資格を単にもっているだけである医師のケースもあるので、現状では必ずしも専門医としての真の実力が分かる指標には残念ながらなっていないのが実情です。

近所にリウマチ専門医がいない場合は、とにかく少し遠方であっても専門医を探し出して訪ねていくことが大切です。最初の診断と治療方針の決定と導入まではその専門医にゆだねて判断と治療をしてもらい、診断後に症状が安定してくれば近くの地域の内科や整形外科など非専門医での治療を継続しつつ、３、４カ月程度の間隔で専門医がいる病院・クリニックに通院するようにするのも選択肢の一つです。私のクリニックも地方の非専門医と協力しており、飛行機や新幹線を利用して通院している患者も多くいます。

診察の流れ

リウマチ専門の病院やクリニックを受診したら、まずは初診用の問診票に記入することが一般的です。いつからどんな痛みがあるか、ほかにはどんな症状があるか、過去にかかった病気、アレルギーの有無、家族でリウマチにかかわらず大きな病気にかかったことがあるかなどの回答を受付に提出します。

私のクリニックではさらに、既婚か未婚か、また妊娠の有無や可能性、希望、予定などを聞き取ります。この情報が治療開始後に抗リウマチ薬、免疫抑制剤などの治療を進めるときにとても役に立ちます。問診票が医師の手に渡る前に看護師が電子カルテに入力します。そうすることで、看護師もその患者の状態や家族環境などを正確に把握し、その後の治療チームの一員としての情報共有を確かなものにしています。

次は、問診票の情報を見ながら医師が問診をします。問診は医師が患者の症状を具体的につかむための非常に重要な機会です。リウマチ治療は生活と密着したものとなるので、このときに患者の生活環境の詳しい現状だけでなく、家族構成や仕事を続けたい、出産をしたいなどといった今後の希望や治療中の疾患、喫煙歴、飲酒歴、さらにこれまでの病歴や薬剤などのアレルギーの有無、家族に似たような症状の病気を経験した人がいるかどうかといったことなど診断に有益な情報を詳しく聞き取っていきます。

このときの問診は治療法を選択していくカギにもなるので、患者は「こんなことを言ったら恥ずかしいかな」などと思わず、なんでも話してもらいたいのです。問診とともに、リウマチで最も大切なのは触診です。痛みや腫れが見られる特定の関節だけでなく、手足、顎関節など全身の関節や皮膚、口腔内、目、甲状腺、血管の様子などもしっかり視診・触診を行います。

施設によって順序は異なる場合もありますが、通常はこのほかに血液検査、レントゲンなどの画像検査、尿検査が実施されます。なお、私のクリニックでは関節エコーを実施して迅速かつ明瞭に関節内の滑膜炎の有無を確認します。患者に痛みを感じさせず、被ばくがないエコー検査は診断にメリットがあります。

診断に必要な検査

以前は、医師が関節などを外側から見て触診し、腫れの有無や形状のみで病状、病勢を判断していました。内部でひっそりと進行している関節・軟骨、滑膜の炎症はとてもこの時期には分かりません。レントゲン（X線）検査ではっきり異常が分かるようになれば、それは骨破壊がすでに進行してしまったということです。レントゲン（X線）検査では、軟骨などのやわらかい組織は見られないものの、骨の萎縮や変形、脱臼の有無などの判断材料にはなります。

最近は、超音波（エコー）検査では滑膜炎や滑膜の厚さとか関節液のたまり具合、腱や骨の損傷の有無など、関節の現状を手軽に確認することができるようになっています。超音波は結果がリアルタイムで分かるうえ、放射線被ばくの心配がなくて患者への負担が少ないので多くの関節を調べるのにも向いています。さらにMRI（核磁気共鳴画像法）なども使われ、骨や周辺の軟骨の内部、滑膜が炎症を起こしていることも目視で分かるようになりました。リウマチの診断、治療には専門医がこれらの検査を状況に応じて使い分けていきます。なお、私のクリニックでは関節エコー検査を実施して、迅速かつ明瞭に関節内の滑膜炎の有無を確認します。エコー検査は患者が痛みを感じることなく、被ばくすることもなく診断できるという大きなメリットがあります。

また、リウマチの診断と治療の経過を見るための血液検査も充実してきました。初診でリウマチかどうかを診断する検査にはリウマトイド因子、抗ＣＣＰ（抗シトルリン化ペプチド）抗体などが、リウマチの活動性を見るための検査には血沈、ＣＲＰ（Ｃ反応性タンパク）、マトリックスメタロプロテイナーゼ－３（ＭＭＰ－３）などがあります。

リウマトイド因子とは、リウマチの素質があるかどうかを見るものです。一般的な健康診断でも採血の項目に入っている場合もあります。血液中にリウマトイド因子があるかどうかを調べる検査で、免疫反応でとても重要な役割を果たす免疫グロブリン（ＩｇＧ）に対してできた自己抗体のことをいい、リウマチ反応とも呼ばれています。リウマトイド因子の値が高い人ほどリウマチの体質・素質が強く、活動性が高く、将来関節・骨破壊に進みやすいという傾向があります。

ただし、リウマトイド因子はリウマチ患者の75％は陽性となるものの、残りの25％は陰性と出てしまいます。肝硬変や慢性肝炎、結核の場合に陽性になることや、さらに健康な人でも5％ほどは陽性と出てしまうことがあります。これだけではリウマチ患者をすべてすくい取ることはできません。

正常値を超えてもすぐリウマチとは考えず、あくまで可能性が高いことを前提に、関節や骨破壊がないかどうかも詳しく調べます。

次に抗ＣＣＰ抗体を調べます。これはリウマチ発症前やごく初期のリウマチでも血液中から検出される物質なので、リウマトイド因子よりも精度が高く早期診断が可能です。２００７年から保険適用になった検査で、現在は初診の検査のうちで最も重要視されています。この検査で基準値の3倍以上の数値が出た場合は、リウマチの骨破壊など進行が早いタイプと判断するため、特に早期から積極的に治療を実施していく必要があります。この検査もリウマチの素質、体質を反映する検査項目といえます。

ただ、リウマチ患者であってもこの2つとも陰性と出てしまう人もまれにいます。

リウマチの活動性（炎症の度合い）を示す検査には、血沈と呼ばれる赤血球沈降速度（赤沈）検査とＣＲＰ（Ｃ－リアクティブ・プロテイン）検査があります。これらの検査は関節の痛みと腫れの程度を反映しており、リウマチの患者のつらさを表す検査数値として扱われます。数値が高くなるほど活動性が高く、患者はつらい状態だといえます。ただし、血沈とＣＲＰの検査の値がどちらも正常なリウマチ患者がいないわけではありません。

マトリックスメタロプロテイナーゼ－３（ＭＭＰ－３）とは滑膜組織からつくられる酵素のことで、関節内の滑膜のダメージの程度を反映します。リウマチが発症したり悪化したりして炎症が強くなるとＭＭＰ－３の数値が上昇します。リウマチ診断の補助的に使われるほか、今後の通院時にも行い、治療薬がどの程度の効果を上げているかを確認する項目になります。効果を調べるためには、ビフォーアフターのうちのビフォーが分からないと比べられないので、これも診断時に調べています。ただ、男性と女性の検査数値には差があるので注意が必要です。

画像検査と血液検査のほか、いちばん大切なことは専門医が実際に関節を触ってみる触診です。検査データだけでは得られない熱感や関節の腫れの程度、関節を動かしたときの痛みの具合、関節の動きの幅、柔らかいか硬いかなどを細かく観察します。最近ではデータばかりを重視する医師が多いのも否めませんが、患部に直接触れてこわばりの有無などの異常についても細かく観察できる医師であるかどうかは、主治医選びの大切なポイントとなります。もちろん、私のクリニックの医師は全員精密な診察を行っています。

図表6はリウマチの検査項目と正常値です。初診時だけでなくこれから治療を進めていくうえでしばしば実施される検査ですので、覚えておくと役立ちます。尿検査で調べる尿タンパクも治療過程で必要なデータですが、比較のために初診時にも行います。

リウマチの診断

血液検査だけではリウマチかどうかを確定させることはできません。画像検査、触診のほか、これまでの経過や症状を詳しく見ていかないとリウマチという診断は下せません。リウマチでないのにリウマチの治療を始めることくらい不幸なことはありません。ですから、誰が診察しても正しく診断できる基準が不可欠だとして診断基準や分類基準が作成されました。

以前は米国のリウマチ学会による分類基準を使っていました。この基準では7つの項目

図表6　主なリウマチ検査

検査の種類		正常値	目的
血液検査	リウマトイド因子	15IU/mL 以下	・リウマチの診断・体質の確認
	抗 CCP 抗体	4.5U/mL 未満	・リウマチの診断・体質の確認
	血沈	15mm 以下（女性） 10mm 以下（男性）	・リウマチの活動性や痛みと腫れ、炎症の程度
	CRP	0.14mg/dL 以下	・リウマチの活動性や痛みと腫れ、炎症の程度
	マトリックスメタロプロテイナーゼ -3（MMP-3）	17.3 ～ 59.7ng/mL（女性） 36.9 ～ 121ng/mL（男性）	・リウマチの診断の補助 ・活動性 ・滑膜のダメージ
尿検査	尿タンパク	陰性（－）	・治療薬の副作用や合併症の有無
画像検査	X 線検査 関節超音波検査 MRI 検査		・リウマチの診断 ・症状の適合度 ・滑膜・軟骨・骨のダメージ
	CT 検査		・治療薬の副作用や合併症の有無

著者作成

のうち４つ以上が該当しなければリウマチと診断されないため、早期ではリウマチと確定しにくいという問題がありました。診断基準を満たさないために経過観察をしているうちに悪化し、確定診断のときにはすでに関節・骨破壊が進行してしまっていたということも少なくありませんでした。

関節・骨破壊を止めるならなるべく早い治療が必要です。そのための治療がなかった時代はともかく、画期的な治療薬がある今ではその診断基準では間に合いません。

そうした理由で、２０１０年に米国

図表7　リウマチの分類基準

1つ以上の関節腫脹を認める
（ただし、ほかの関節腫脹をきたす疾患を鑑別）

↓

スコアリングによる新分類基準

罹患関節数	スコア (0-5)	リウマトイド因子 or 抗CCP抗体	スコア (0-3)
=1　大関節	0	陰性	0
2〜10　大関節	1	低値	2
1〜3　小関節	2	高値	3
4〜10　小関節	3	**急性炎症物質 (CRP or ESR)**	**スコア (0-1)**
≧11（含む1以上の小関節）	5	正常	0
症状の持続期間	**スコア (0-1)**	異常	1
<6週間	0	※各項目の加算が6以上の場合にリウマチと診断	
≧6週間	1		

No
（スコア5以下）
リウマチと診断できない

Yes
（スコア6以上）
リウマチと診断する

※大関節：手指の第2・3関節と手首　小関節：肩・肘・膝・股・足首関節のこと

出典：Ann Rheum Dis. 2010;69:1580-1588, Arthritis Rheum. 2010, 62:2569-2581

図表8　リウマチと間違いやすい病気

1. 膠原病	2. 感染症	3. その他
全身性エリテマトーデス	ウイルス感染に伴う関節炎	痛風
強皮症	リウマチ熱	偽痛風
多発性筋炎/皮膚筋炎	細菌性関節炎	変形性関節症
結節性多発動脈炎		乾癬性関節炎
シェーグレン症候群		強直性脊椎炎
リウマチ性多発性筋痛症		反応性関節炎（ライター症候群）
ベーチェット病		糖尿病性関節炎
		アミロイドーシス
		サルコイドーシス

著者作成

リウマチ学会とヨーロッパリウマチ学会が共同で図表7のような診断基準を打ち出しました。スコアが6点以上の場合にリウマチと診断します。

この診断基準によって以前のような早期リウマチの見落としは格段に減りましたが、一方でリウマチとそれ以外の病気をしっかり区別する医師のスキルも問われることになりました。そのため、実際の診断では基準を機械的に当てはめるだけでなく、多くの所見から総合的に判断し、正確な診断が行われることが必要です。リウマチと間違いやすい病気は図表8のとおりです。検査を進めているなかで似た病気があるときは、適宜、鑑別するための詳しい検査も実施しています。

リウマチの起こりやすい部位と特徴

リウマチを発症すると、全身のさまざまな関節に腫れや痛みなどが現れます。特に手足や肩、膝、股関節など日常生活の動作で動かす多くの関節に病変が起こるのが特徴です。関節の痛みや変形が進行すると生活にも支障が生じてきます。また、各部位でリウマチの症状や治療法、治療効果の現れ方には特徴があります。

〈手〉

比較的早い段階から症状が出やすいのは手の指や手首の関節です。特に指の第二関節や第三関節は多くの患者に痛みや腫れが見られます。

手指は骨の破壊が進んでくると脱臼したりずれたりしやすく、リウマチ特有の変形を起こします。

・尺側偏位　親指以外の四本指の付け根から先全体が小指側に曲がる
・ボタンホール変形　指の第二関節が強く曲がり、第一関節が反る
・スワンネック変形　ボタンホール変形と反対に指の第二関節が反り、第一関節が曲がる。指が曲がりにくくなるのでつかんだり、握ったりといった動作が難しくなる
・ムチランス変形　指の骨が破壊されて溶け、短くなって変形する

手指や手首は薬物療法によって、改善されているのかどうかの判定がしやすい部位です。しかし、一度変形が起きれば自然に元の形に戻ることはなく、日常生活でできるだけ関節の機能を落とさないように作業療法を実施したり、補助器具をつけて関節の負担を減

らすことになります。治療でいちばん大切なのは変形を起こさないために免疫抑制剤や生物学的製剤、ＪＡＫ阻害薬などによる治療を実施していくことです。

手はとても人目に触れやすい部位ですので、近年は変形改善を目的とした手術を受ける人も増えつつあります。

〈足〉

足の指あるいは足首も早い段階からリウマチの症状が現れやすい部位です。リウマチの炎症によって足裏のアーチ部分を支える関節が緩んでしまうといわゆる偏平足になるほか、親指が付け根から小指側のほうに大きく傾いた形になる外反母趾にもなりやすいです。親指以外の足の指が曲がって浮いたようになってしまう槌指《つちゆび》（ハンマートゥ）や、足裏に痛みを伴うタコ（胼胝）ができてしまうことがあります。

足は他部位のどの関節よりも全身の体重がかかるので、変形が始まったときはリハビリや器具を使った治療でカバーしていくことが重要です。手と同じように変形を改善するための手術を受けるという選択肢もあります。

私のクリニックではリウマチケア看護師を中心とするフットケアチームがあるので診察のときに患者の足のタコを削ったり保湿などを行い、リハビリ、装具チームと連携してケアをしています。

〈膝〉

膝の関節は全体から見て6割くらいの患者に症状が出るとされています。体のなかでも最も大きな関節でありその分、滑膜も多いので炎症が起こると膝全体が大きく腫れあがってしまい、強い痛みを伴うことが多くなります。

膝に痛みがあると歩行や移動が難しくなり日常生活が大きく制限されてしまいます。また、そのために歩かずにいると膝の周囲の筋肉が衰えてきてさらに歩行が難しくなっていく悪循環に陥ってしまいがちです。

膝はヒアルロン酸関節注射などの薬物療法で痛みが取れていくケースもあります。薬物療法を続けながら、筋力や関節機能を維持できるようにリハビリでトレーニングも取り入れていく方法があります。

膝の骨の破壊が進んでしまった場合には人工膝関節に置き換える手術という選択肢があります。

〈股関節〉

股関節は初期に症状が現れることが少ない部位です。発症してから3~10年ほど年月が経ってから、1、2割の人に影響が現れてくるとされています。股関節で炎症が始まると、急激に関節破壊が進んでしまう傾向があり、強い痛みを伴うことも特徴です。

大量のステロイド剤を治療で使用すると副作用によって大腿骨が壊死することもあります。

股関節で骨の破壊が進んでしまった場合にも、人工股関節に置き換える手術をします。

〈肩・肘〉

肩は膝と同じく6割くらいの人に症状が現れます。肩は可動域の広い関節のため、腫れや痛みが強くなってくると日常生活に大きな支障が出ます。肘の関節は4割弱ほどの人が発症し、骨の破壊が進むと肘が曲がったまま伸びなくなります。

　これらの治療は薬物療法とリハビリが中心になります。骨の破壊が進んだときは手術も選択肢になりますが、肩の人工関節は膝や股関節と比べると治療実績が少ないことに留意しておく必要があります。


〈頸椎・脊椎〉

　背骨内部の首の部分にあたる頸椎にも病変が起こることがあります。症状が出る頻度は5割ほどに上るといわれています。

　特に頭蓋骨《ずがいこつ》のすぐ下の位置にある第一頸椎と第二頸椎の間の部分が破壊されると、首を通る神経が圧迫されてしまいます。その結果として神経障害が出るほか、骨破壊が進行し脱臼すると脊髄損傷をきたしマヒや呼吸障害などで命に関わる事態に陥ることもあるので手術が必要になります。

　首を包むようなコルセットなどの器具を装着して関節の負担を減らしていく保存的治療をすることがあります。

これらのリウマチは症状や現れ方も多種多様です。発症したあとの経過もさまざまなパターンがあります。

手指や足指など小さな関節だけに症状があって、早期に治療を始めた場合ならば、近年では治療の予後はとても良くなってきています。薬が効けば痛みなどの症状も治まり、骨破壊を抑制できてリウマチ発症前のような健康な日常生活を送れるようになる人も増えているのです。

一方で、膝など大きな関節でいきなりリウマチの症状が出た人や、中高年になって急に発症する人のなかには、数カ月から1年くらいといった短期間で急激に症状が悪化してしまうこともあります。

治療が進歩した現在でもしっかりと治療しないと、骨が急速に溶けていってしまう、ムチランス型といわれるようなタイプで症状が悪化していく例もあります。

リウマチになった患者の最も多い経過としては、症状が良くなったり悪くなったりを繰り返しながら、10年、20年といった長い期間をかけて徐々にリウマチが進行していくケースです。治療を開始して数年後にいったん症状が良くなるケースもありますが、何年かしてからリウマチの活動性が高まってしまうこともありますので油断は禁物です。早期発見とあわせて、根気よく治療を続けていくことが重要です。

関節以外に現れる不調や異変

リウマチは全身性の自己免疫疾患ですので、関節のほかにも全身のさまざまな部位に不調や異変が現れてくることがあります。また、別の疾患を併発する合併症が起こることもあるので注意が必要です。合併症を起こさないようにするためには、なによりもまずしっかりと治療をして体内の炎症を抑えることが重要です。炎症が激しくなってしまうと、それだけほかの炎症性疾患を誘発しやすくなります。合併症には薬の副作用が関係するケースもあるので、薬の副作用について詳しい知識をもつ専門医を主治医として普段から受診を続け、異変に気づいたらすぐに治療を行うべきです。

関節以外に現れる代表的な症状や、リウマチの代表的な合併症を例示します。

〈貧血〉

リウマチによって体のなかで炎症が続いていくと、血液中の赤血球のヘモグロビンをつくる鉄がうまく利用できなくなり、鉄欠乏症の貧血が起こりやすくなる傾向もあります。貧血になると息切れや疲れやすさ、めまいなどの症状が現れます。まずは炎症を止めることが重要ですが、必要に応じて鉄剤を服用して治療が進められます。

〈骨粗鬆症〉

リウマチを発症していると、炎症性サイトカインによって破骨細胞が活性化されるため、炎症のある関節の周囲の骨が弱くなっていくことが少なくありません。また、治療法としてステロイド剤を服用した場合には多くの患者がステロイドの副作用によって骨がスカスカになりもろくなってしまうステロイド性骨粗鬆症になるケースもあり、転倒による大腿骨の骨折や胸椎、腰椎の圧迫骨折をきたします。骨粗鬆症の予防薬を服用して治療を続けることが重要です。最近は、骨粗鬆症治療薬のプラリアに骨を強くする効果はもちろんのこと、リウマチによる骨破壊を予防する効果も期待できることが報告されています。

私のクリニックでは、骨粗鬆症マネージャーの資格をもつスタッフが治療、運動、栄養などの観点から患者の骨を強くするための指導を行います。

〈間質性肺炎〉

肺の中で酸素と二酸化炭素のガス交換をする肺胞を取り囲んでいる結合組織を間質といい、ここに炎症が起こる病気が間質性肺炎です。症状が進むと間質が線維化して硬くなってしまい、肺が弾力性を失っていって息切れや呼吸困難などを起こしてしまう可能性があります。リウマチの合併症としても知られていますが、リウマトレックスなどの薬物療法の副作用として起こることもあります。

痰を伴わない空咳、発熱、呼吸苦などの症状があればすぐに主治医と相談するべきです。最近では、指先に装着することで酸素飽和濃度を測定できる機器を使用するのも早期発見には有用です。

〈血管炎〉

血管の壁に炎症を起こすのが血管炎です。

爪の周囲に点状の出血や皮下出血が見られるケースがよくあります。これは血管炎で小さな血管が破れて起こります。多くは軽症で自然に治ります。皮下の静脈から出血すると紫斑と呼ばれる暗く紫色の内出血になります。

末梢神経につながる血管に炎症が起こると、しびれやマヒなどの感覚障害が出てくることがあります。

血管炎で注意すべきなのは、血流が悪くなって起こる臓器障害や組織の壊死です。心臓の筋肉の血管に炎症が起こると心筋炎となり、動悸《どうき》や胸の痛みなどの症状が出てきたり、肺の組織に炎症をきたし間質性肺炎を発症したりして、悪性関節リウマチの場合は血管炎が重症化します。

〈ドライアイ、ドライマウス、シェーグレン症候群〉

目にもリウマチによる症状が出やすくなります。涙腺に炎症が起こると涙の分泌が減っていって乾燥性結膜炎、いわゆるドライアイをきたすシェーグレン症候群を合併することも多いです。

シェーグレン症候群は3割近くのリウマチ患者が発症するといわれる自己免疫疾患で、放っておくと角膜が傷つき視力が衰えてくるなどの影響が出ることがあります。眼科で治療を受けるか、すぐに相談できるようにしておくことが大切です。

さらにシェーグレン症候群はドライマウスも引き起こします。微妙な違いですが、喉の渇きではなく口腔内の乾きがドライマウスの症状で、唾液が少なくなるために口腔内の衛生環境が悪化します。しっかり歯を磨いているのに虫歯が多いといった状況から診断されることもあります。口の病気としては、歯肉炎や歯周病もリウマチの発症・増悪の原因となるので、口腔内の丁寧なケアが必要です。悪性リンパ腫を合併することが多いことにも注意するべきです。

〈慢性甲状腺炎〉

甲状腺の機能が低下する自己免疫疾患です。甲状腺が腫れるので、喉元が膨らんで見えるようになります。全身の倦怠感や体重増加、脈拍数の低下、足のむくみやうつ状態などが主な症状で、ひどいときには記憶力や意識レベルの低下なども起こります。分泌される甲状腺ホルモンの量に応じて、甲状腺ホルモンを補充する治療で対処します。

〈続発性アミロイドーシス〉

リウマチのように体内の炎症が長期にわたって続くことによって、アミロイドと呼ばれる異常なタンパク質がいろいろな臓器に沈着してしまい、その臓器の機能障害を起こしてしまうことがあります。これが続発性アミロイドーシスと呼ばれる疾患です。罹病期間が長く、コントロール不良な患者に多く認められますが、最近ではリウマチそのものの治療が進歩したのであまり見かけなくなりました。症状としてはアミロイドが腎臓にたまると腎機能が低下するので透析による治療が必要になり、さらに心臓や腸管などでも発症することもあります。

〈悪性リンパ腫〉

発熱、疲労感、息切れ、貧血、リンパ腺の腫れなども見られ悪性リンパ腫が合併することがあります。ただしこれらを合併症と見るか、治療薬の影響と見るかは判断が難しく、詳しい検査を行ったうえで治療薬からくるものであれば、治療薬の選択を見直しながら、それらの症状に対する治療も進めていきます。

〈リウマトイド結節〉

リウマチの疾患で、肘の外側などの皮下に硬いコブのようなしこりが出ることがあります。リウマチに特有の関節外症状で、リウマトイド結節といいます。肘や膝の外側、後頭部など骨が出っ張った部位の皮下にできやすいとされ、通常は痛みを伴わないことが多いです。

●合併症以外の疾患

合併症以外の疾患として、悪性関節リウマチと、子どもに起きる若年性特発性関節炎が挙げられます。

リウマチの関節破壊などの症状とともに、全身の血管に強い血管炎を起こすのが悪性関節リウマチです。発症すると体温は38度以上の高熱となり、皮下出血や筋力低下、筋肉痛などの症状が出てきます。さらに間質性肺炎や胸膜炎、心外膜炎、消化管出血や組織の壊死が起こったり、手足の潰瘍などの激しい症状に見舞われたりすることがあります。

悪性関節リウマチは厚生労働省の特定疾患にも指定されている難病で、罹患する割合はまれで、リウマチ患者全体の0・6％といわれます。発症すると重症に結びつきやすいので入院による治療の取り組みが必要になってきます。

若年性突発性関節炎は16歳未満の子どもに起こる関節炎で原因は不明とされています。関節の痛みなどの症状とともに発熱を繰り返します。関節症状だけがある関節型のものと、リウマトイド疹という発疹が出る全身型の2つがあります。年間の発症率は10万人に1人といわれるたいへんまれな疾患で、年齢で見た発症のピークは3～5歳頃であるのが特徴です。早く治療をしないと関節破壊が進んでしまう恐れがありますので、発症が疑われる場合には、できるだけ子どものリウマチ治療の経験がある専門医の診察を受けることが望ましいです。

●リウマチの進行度

リウマチがどの程度進行しているかは、関節の破壊度と機能障害の度合いから判定しています。関節破壊の進行の程度は、以下の４段階に分類されます。

また、リウマチ患者がどれだけのレベルで日常生活を送れるのかを４つのクラスに分類した機能状態の分類もあります。

初診または再診のときには、これらの尺度を基に、進行度をチェックしていきます。

図表9　関節の破壊度4段階（ステージⅠ～Ⅳ）

	軟骨破壊	骨破壊・変形	関節の強直・固縮
ステージⅠ（初期）	なし	なし	なし
ステージⅡ（中等期）	あり	なし	なし
ステージⅢ（重症期）	あり	あり	なし
ステージⅣ（末期）	あり	あり	あり

著者作成

図表10　リウマチの機能状態分類（クラス1～4）
生活でできること、できないこと

	趣味	就労	身の回りのこと
クラス1（ほぼ正常）	できる	できる	できる
クラス2（軽度障害）	できないことがある	できる	できる
クラス3（制限）	できない	できない	できる
クラス4（不能）	できない	できない	できない

著者作成

膠原病とリウマチとの関係

私のクリニックには「リウマチ」と「膠原病」という文字が入っています。大学病院ではリウマチ膠原病内科などと診療科を標榜していましたが、2006年に開業するまではクリニック名に「膠原病」と入っているところは全国どこを探してもありませんでした。名称に「膠原病」と入れた日本初のクリニックです。

リウマチのことが知られていないのと同様に、この「膠原病」についても一般的に知られていません。膠原病というのは実は病名ではなく、共通する性質の病気を総称する言葉です。例えば「循環器の病気」と表現してそのなかに病名として高血圧や心筋梗塞などを含んでいます。同様に、本書で取り上げているリウマチ（関節リウマチ）は膠原病というグループのなかに含まれた病気です。

膠原とはコラーゲンのことで、膠原病は英語で〝collagen disease〟と表記されます。コラーゲンは皮膚、関節、筋肉、骨、血管、内臓などの組織に存在しているもので、その部分に炎症を起こすことが膠原病です。コラーゲンの中の関節に特化して自己免疫疾患が

図表11　膠原病とその類縁疾患

膠原病および類縁疾患

関節炎を主症状とする疾患（関節リウマチとその関連疾患）		血管炎を主症状とする疾患（血管炎症候群）
・関節リウマチ（RA） ・悪性関節リウマチ（MRA） ・フェルティ症候群 ・若年性特発性関節炎（JIA） ・成人スティル病（ASD） ・脊椎関節炎（SpA） ・強直性脊椎炎（AS） ・反応性関節炎（ReA） ・乾癬性関節炎（PsA） など	・全身性エリテマトーデス（SLE） ・全身性強皮症（SSc） ・多発性筋炎（PM）／皮膚筋炎（DM） ・混合性結合組織病（MCTD） ・シェーグレン症候群（SjS）	・結節性多発動脈炎（PN） ・顕微鏡的多発血管炎（MPA） ・アレルギー性肉芽腫性血管炎（AGA） ・ウェゲナー肉芽腫性（WG） ・側頭動脈炎（TA） ・川崎病 ・大動脈炎症候群 ・シェーンライン・ヘノッホ紫斑病 ・ベーチェット病 など

著者作成

起きているものがリウマチなのです。ほかには悪性関節リウマチ、若年性特発性関節炎、成人スティル病、脊椎関節炎（ＳｐＡ）、強直性脊椎炎（ＡＳ）、乾癬性関節炎（ＰｓＡ）などの病気が含まれます。私のクリニックを受診する人が、身内に膠原病の患者がいると話されることがありますが、そのとき私たちが「膠原病のうち、どの病気ですか？」と聞くのはこのためです。

第3章

寛解・完治は夢じゃない！
進歩を遂げるリウマチ治療

リウマチ治療の歴史

1　痛みを取るだけの暗黒時代

リウマチという名前の由来はギリシャ時代にまでさかのぼりますが、さらにさかのぼれば古代エジプト人、はたまた5000年も前の古代インディアンの骨にもリウマチの痕跡が見られます。つまりは人類の歴史とともにリウマチの歴史もあるようなものです。
日本では、奈良時代の著名な歌人・山上憶良がリウマチを患っていたといわれています。わが国最古の歌集である『万葉集』の巻五に、次のような文章が掲載されています。

四支動かず、百節皆疼《いた》み、
身体太《はなは》だ重く、なほ鈞石《きんせき》を負へるが如し。

布に懸りて立たむと欲すれば翼折れたる鳥の如く、
杖に倚《よ》りて歩まんとすれば、足跛《ひ》ける驢《うさぎうま》の如しこれは憶良が自身の体の様子を表現したものですが、現代でいうリウマチの症状なのではないかと考えられているのです。

治療薬に目を向けてみると、最初に登場したのが痛み止めです。まだリウマチの正体がほとんど分かっていない時代でした。体の中で何が起きているかは分からないけれど、患者は痛がっている、それには痛み止めだということで、さまざまな薬のようなものが試されてきましたが、一般的な治療薬としては20世紀に入る直前の１８９７年になってようやく、ドイツのバイエル社から副作用の少ないアセチルサリチル酸（アスピリン）が発売されました。

とはいえ、所詮は痛み止めですから目先の痛みは止められても、関節や骨の破壊を止めることはできませんでした。画家のルノワールの写真には、手指の関節が変形した様子が見られます。ルノワールもこの薬を使ってなんとか痛みに耐えながら、数々の絵画を描いたと思われます。

その後しばらくの間はアスピリンのような非ステロイド性の抗炎症剤が使われていまし

たが、１９４８年にはステロイド剤が登場しました。それまでの薬に比べると炎症を抑えて痛みを取ることに優れ、当時は画期的な薬としてリウマチ治療の主流に躍り出ました。ステロイド剤を初めてリウマチ患者に使ったアメリカのフィリップ・Ｓ・ヘンチはノーベル医学・生理学賞を受賞したほどです。

しかし、ステロイド剤を長期にわたって使用するとその副作用が心配されます。今では適量使用と適切な副作用対策を行ったうえで使用はされていますが、その効果は炎症や痛みを取るのみで、関節や骨破壊を抑える薬ではないため漫然と服用してはいけません。

１９８０年代になると、抗リウマチ薬と名前のつく薬がいくつか出てきました。これらは名前こそ抗リウマチ薬ですが、ほかの病気の治療で使っていた薬をリウマチ患者に使ってみたら炎症を抑え、進行をやや遅らせるようだということで使われたもので、依然としてリウマチの正体は謎に包まれていました。

当然、リウマチ治療が求めている関節や骨破壊を抑える効果はほとんど望めません。ルノワールの時代の治療からほとんど変わらない治療が１９９０年代の後半になってもまだ続いていました。ほかの病気では日進月歩で薬も治療技術も進歩していくなか、リウマチ治療だけ完全に取り残されていたのです。この時期をリウマチ治療の暗黒時代と呼んでいます。

2　関節・骨破壊を抑制する薬「リウマトレックス」の登場

この頃海外では、がんの治療に使われていたメトトレキサートという薬をリウマチ患者に使ったところ関節・骨破壊を抑制する効果が確認されました。関節・骨破壊の抑制に効果があるというのは初めてです。アメリカでは１９８８年に使用の認可が出ていましたが、日本ではそれに遅れること約10年、１９９９年に承認されました。

実はこの薬が承認される少し前から、私が所属していた聖マリアンナ医科大学病院リウマチ膠原病アレルギー内科では、すでにリウマチ治療ではメトトレキサートを投与していました。当時は特効薬がなく太刀打ちできなかったのに関節・骨破壊の抑制という新しいフェーズに入ったことはなんて画期的なことだろうと心が躍ったものです。リウマチ治療用に整えられた薬はリウマトレックスという商品名で、現在でもリウマチ治療の第一選択薬として広く使われています。

この薬の使用が始まったことともに、関節・骨破壊は発症の早い段階で急速に進むことも この頃に分かりました。

リウマトレックスは今もなおよく利用される薬であることは間違いありません。しかし、患者の約半数にはとてもよく効くのですが、残り半数には思うような効果が上げられないのです。

3 関節・骨破壊を止める「生物学的製剤」の登場

リウマチではサイトカイン物質であるＩＬ－６（インターロイキン－６）とＴＮＦ－αが過剰に分泌されることで、炎症を悪化させることが分かっています。１９９８年にようやく、これらの働きを抑えることができる薬が海外で開発されました。生物学的製剤というもので、バイオ技術を使った薬剤であるためバイオ製剤またはバイオと略して呼ばれることもあります。炎症を鎮静化してそれまで出ていた症状を改善するだけでなく、関節・骨破壊の進行を止めることができるようになったほか、骨の修復も可能になったのです。

日本では海外より5年遅れて２００３年に生物学的製剤のレミケードが承認されまし

た。それ以降、同様の薬が次々と登場します。当時、大学病院には症状が重いリウマチ患者が杖歩行や車椅子の状態で入院してきては生物学的製剤の治療を受けていました。その多くは1週間ほど入院すれば、退院するときには発症前のように病状が落ち着き喜んで帰宅していきました。

ただ、当時の大学病院では生物学的製剤の治療を受けるのに入院が義務づけられたり、カンファレンスや教授回診などで投与するかしないかが決められたり、患者ファーストとはいえない状況でした。私であればもっと早く治療を変更・決定でき、外来で投与もできるのに……というやるせない思いを常にもっていました。このときの思いがリウマチ専門クリニックの開業に向けて強いモチベーションになったのです。

4　関節・骨破壊を止める内服薬「ＪＡＫ阻害薬」の登場

２０１３年になると、生物学的製剤と同じようにサイトカインに直接作用して炎症を抑える薬が登場しました。それがＪＡＫ阻害薬と呼ばれる内服薬です。

ＪＡＫ阻害薬は細胞表面にあるサイトカイン受容体から発したシグナルを受け取るＪＡＫ

図表12　生物学的製剤やJAK阻害薬での治療イメージ

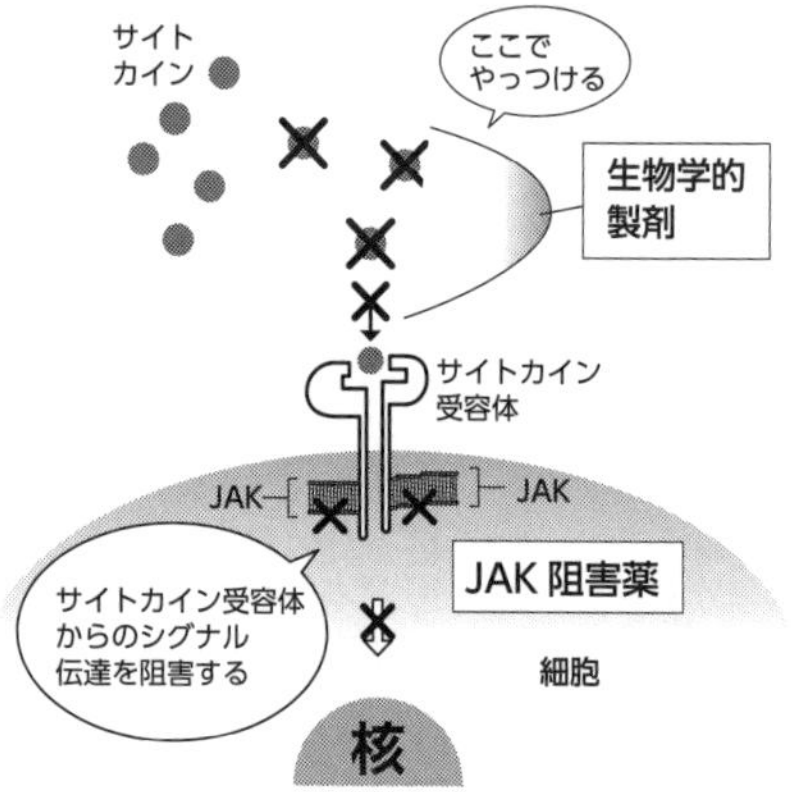

著者作成

（ヤヌスキナーゼ）という酵素の働きを阻害することで、サイトカインによる炎症を抑制します。生物学的製剤が細胞の外でサイトカインの働きをブロックするのに対し、ＪＡＫ阻害薬は細胞内でサイトカインから発生する刺激を遮断する薬です。生物学的製剤と同等かときにはそれ以上の効果を発揮します。

生物学的製剤は分子が大きいために点滴や注射でしか投与できませんでしたが、ＪＡＫ阻害薬は分子が小さいために内服ができます。飲みやすいだけでなく、リウマトレックスや生物学的製剤で効果が得られなかったケースでも、効果が認められることが多い薬です。

5　バイオシミラーが登場

一般の薬では、先行品の独占的販売期間が過ぎると、同じ成分で低価格の後発医薬品（ジェネリック医薬品）ができます。同様に、生物学的製剤の後発医薬品のことを「バイオシミラー（ＢＳ）」または「バイオ後続品」と呼んでいます。一般薬のジェネリック医薬品は、先発品と同じ構造で成分もまったく同じであることから臨床試験は必要ないのですが、生物学的製剤は高度なバイオ技術によってつくられたもので後続品は先発品とまったく同じものはできないため、臨床試験が必要になります。

効果と安全性が先発品と同じであると認められれば、ＢＳとして認可されます。リウマチ薬として使われている生物学的製剤にも、こうしたＢＳが発売されています。ＢＳの場合は、薬価が先行品の60～65%と安価となり、治療にも取り入れやすくなりました。現在はレミケードの一般名インフリキシマブのＢＳ、エンブレルの一般名エタネルセプトのＢＳ、ヒュミラの一般名アダリムマブのＢＳが日本で承認されています。また、アクテムラの一般名トシリズマブのＢＳは治験が行われています。なお、リウマチの専門医や専門スタッフが多数在籍する私のクリニックでは、日本で販売されるほぼすべてのリウマチ薬の治験を行っています。

不治の病ではなく寛解を目指せる病気となった

長らく詳しい原因も分からないままに、痛み止めなどの対症療法をしているうちに、どんどん悪化していたというのが不治の病時代のリウマチでした。

しかし、実は発症後急速に進行していることなど、リウマチの診療について多くのことが分かってきました。できるだけ早期にリウマチと診断し、リウマチと分かれば速やかに悪さをしている原因に照準を合わせて倒していく、そんな治療法を私たちは手にすることができました。

早期に適切な治療を始めることができるようになったことで、「寛解《かんかい》」と呼ばれる状態に導くことができる例が増えてきました。

寛解というのは、関節の痛みや腫れなどの症状が消え、血液検査の項目も正常値に戻り、発症前の元の生活ができるようになった状態をいいます。画期的な薬を使って早期に治療することができるようになった今では、リウマチ患者の約半数が寛解という状態に到

図表13　リウマチ治療薬の歴史

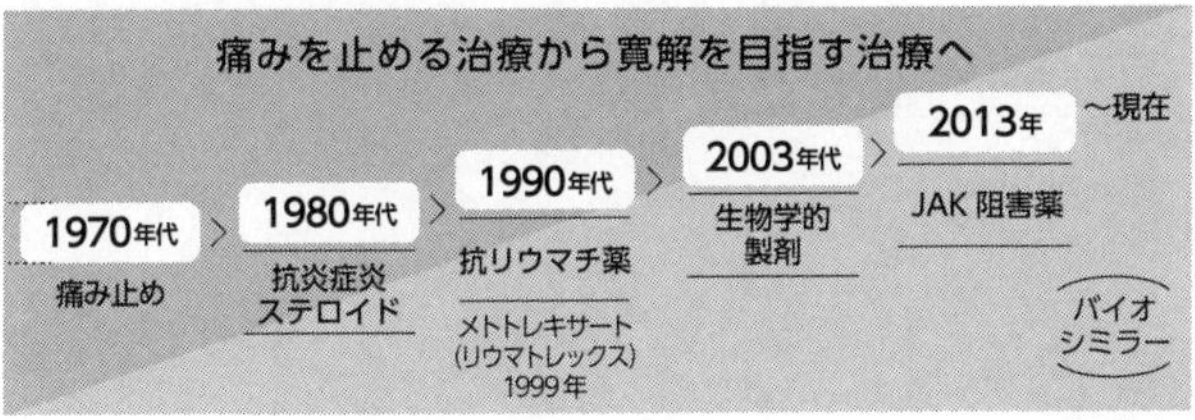

著者作成

達することができるようになりました。この割合は治療開始が遅れた患者も含まれますから、早期に治療を開始できた患者に限っていえば、約8割が寛解になるはずです。

寛解の状態を図に示すと図表14のようになります。

関節の痛みや腫れなどの症状を取ることを臨床的寛解、関節や骨の破壊の進行を抑えることを構造的寛解、さらに生活機能（QOL）を改善して発症前の生活に戻った状態を機能的寛解といいます。

一口に寛解といっても、段階があることが分かります。図表14の矢印の順に寛解を遂げていくことになりますが、それぞれが独立したものではなく、最終的な寛解にはこれら3つの要素がどれ一つ欠けてはいけません。最近では「Boolean（ブーリン）寛解」という新たな寛解の基準が目指されるようになりました。これは圧痛（痛みのある）関節と腫脹（腫れのある）関節がいずれも1カ所以下、痛みの強さを表すVASも全体が10センチのうちの1センチ以下の状態で、最も厳しい寛解の基準です。

薬の使用を漫然と行うわけではなく、目標を達成することができればその時点で薬を減量または中止することも可能です。

私のクリニックでは、当然どの医師も関節を診察しますし、DAS28などの内容をデータベースに入力して正確に管理しています。逆にいえば診察時に関節を触らない、またVASを評価しない治療医は専門性が低く、患者のリウマチをきちんと評価できているとはいえません。

「T2T」で目標をもった治療を行い、フィードバックを欠かさない

リウマチ治療の目標は、以前なら痛みを取ること、関節・骨破壊をできるだけ遅らせることでしたが、今では寛解を目標とできるようになりました。図表14に示した3つの寛解は、そのまま治療目標にもなっています。リウマチの実態がはっきりと認識できるようになったのですから、治療目標もしっかり定めていくことが世界的な目標となり、これを

図表14　寛解の状態

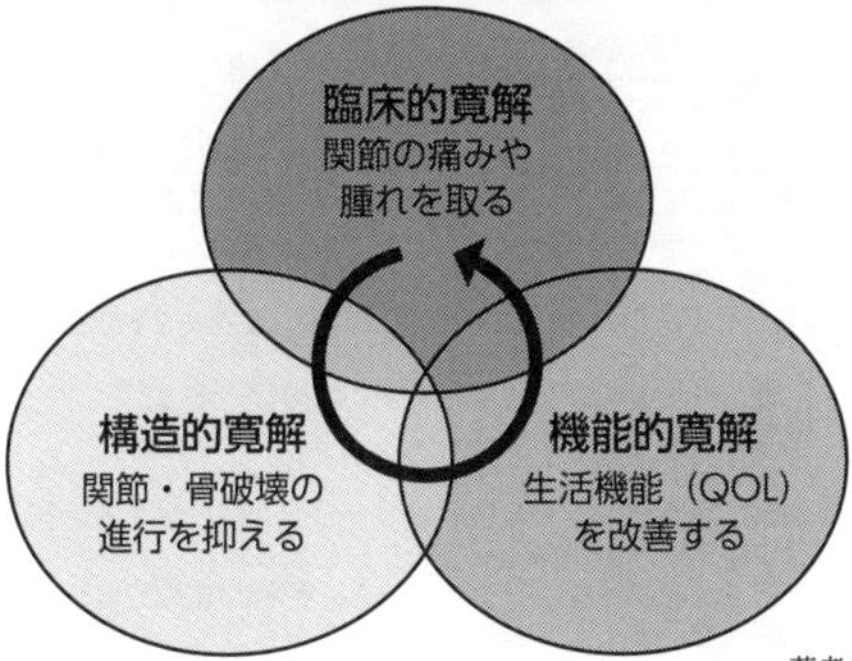

著者作成

「Treat to Target（トリート・トゥ・ターゲット）」または「T2T（ティートゥティー）」と呼んでいます。Treat to Target（T2T）とは、リウマチ治療の目標を設定し、その目標に向かって治療をするという考え方で、世界共通のガイドラインとして２０１０年に整備されました。画期的な治療薬が登場したことで、リウマチ治療の目標を明確に定められるようになったのです。

　Treat to Target（T2T）には４つの基本的な考え方があり、さらに目標達成に向けた治療のための推奨方法10カ条が設定されています。

　目標を設定し、それに向かって進んでいったあとは、その目標が実際に達成されたかを検証する必要があります。それはリウマチ治療でも同じです。

図表15　Treat to Target（T2T）の基本的な考え方

A　リウマチの治療は、
患者とリウマチ医が共に決めるべきです

B　最も重要な治療ゴールは、長期にわたって生活の質（QOL）を良い状態に保つことです。これは、次の事によって達成できます
- 痛み、炎症、こわばり、疲労のような症状をコントロールする
- 関節や骨に対する損傷を起こさない
- 身体機能を正常に戻し、再度、社会活動に参加できるようにする

C　治療ゴールを達成するために最も重要な方法は、
関節の炎症を止めることです

D　明確な目標に向けて疾患活動性《しっかんかつどうせい》をコントロールする治療は、
リウマチに最も良い結果をもたらします。
それは、疾患活動性をチェックし、目標が達成されない場合に
治療を見直すことによって可能となります

「なんとなく良くなったようだね」というあいまいな評価をするわけにはいきません。なぜなら明確な評価なしに治療を始めたりやめたりするということがあってはならないからです。

リウマチの活動性の評価法

図表17は活動性の評価を簡単に示したものです。

私のクリニックでは、患者の自宅での様子や症状を丁寧に聞き取るために図表18の問診票内のような図を使っています。まず痛む関節を自己申告します。問診票のようなスケールが入っているので、痛みの強さや体の調子の状態を記します。10センチの目盛りになっているので、今までに最悪

図表 16　目標達成に向けた治療のための推奨方法 10 カ条

1. リウマチ治療目標は、まず臨床的寛解《りんしょうてきかんかい》を達成することです
2. 臨床的寛解とは、炎症によって引き起こされる疾患の症状・徴候《ちょうこう》が全くないことです
3. 治療目標は寛解とすべきです。しかし、特に病歴の長い患者では困難な場合もあり、低疾患活動性が当面の目標となります
4. 薬物治療の内容は、治療目標が達成されるまで少なくとも3カ月ごとに見直されます
5. 疾患活動性は定期的にチェックし、記録することが大切です。中～高疾患活動性の患者では毎月、低疾患活動性《ていしっかんかつどうせい》または寛解が維持されている患者では3～6カ月ごとに行うことが必要です
6. 日常診療における治療方針の決定には、関節の診察を含む総合的な疾患活動性のチェック法を用いることが必要です
7. 通常の診療で治療方針を決定する時には、疾患活動性に加えて、関節の損傷や日常生活動作がどの程度制限を受けているかも考慮します
8. 設定した治療目標に到達した後には、リウマチの全経過を通じてその状態を維持し続ける必要があります
9. 疾患活動性のチェック法や治療目標の選択には、個々の患者の状況：すなわち他の疾患があるか、患者に特有の事情があるか、薬の副作用に関する事情があるかなどを考慮する必要があります
10. 患者は、リウマチ医の指導のもとに、「目標達成に向けた治療(T2T《ティートゥーティー》)」について適切に説明を受けなければなりません

図表15、16とも 出典：Smolen JS, et al: Ann Rheum Dis, 69, 4: 631-637 (2010)

図表 17　リウマチの活動性の評価法

❶ 28 関節を検査

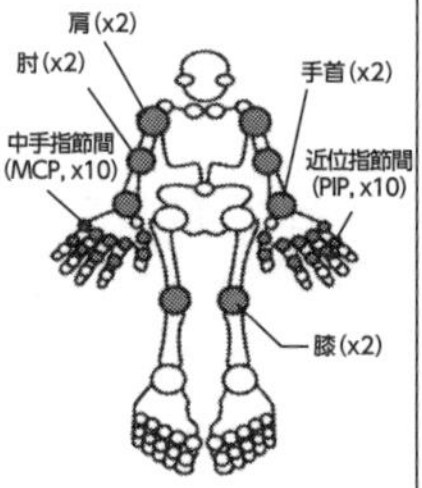

❷ 患者自身による評価

(VAS)
0cm ―――― 10cm
大変良い　大変悪い

❸ 医師による評価

(VAS)
0cm ―――― 10cm
疾患活動性がまったくない　疾患活動性が最も高い

❹ 血液検査（炎症反応）CRPまたはESR値を測定

DAS28《ダス》 ▶構成要素 ❶+❷+❹

SDAI《エスダイ》 ▶構成要素 ❶〜❹

CDAI《シーダイ》 ▶構成要素 ❶+❷+❸

各指標のスコアと疾患活動性の関係

DAS28スコア	SDAIスコア	CDAIスコア	
			高疾患活動性
5.1以下	26以下	22以下	
			中疾患活動性
3.2以下	11以下	10以下	
			低疾患活動性
2.6未満	3.3以下	2.8以下	
			臨床的寛解

Boolean 寛解
＝
現在の最も厳しい寛解基準

▶ ①腫脹関節数
②圧痛関節数
③患者疾患活動性全般評価（VAS で 0 〜 10cm)
④CRP(mg/dl)

のすべてが 1 以下

図表18　問診票の例

★尿検査★
可　・　不可

(ID：　　　　)　名前　　　　　　　　　　　　月　　日

■前回受診時とくらべて本日のお身体の具合はいかがですか?

1. 改善している　2. 変化なし　3. 悪化している　4. その他

メトレート休薬（有・無）　口内炎（有・無）　咳（有・無）　最終注射日（　　　　　）

■前回受診時からの変化や特に先生に伝えたいことがあればご記入ください。

☆楽しみたいことや挑戦したいことを教えてください☆

■朝のこわばりはありますか?　【はい（　　　分）・いいえ】

■関節の痛みの強さを下の目盛りに/印でご記入ください。

全く痛みなし　　今までで最も強い痛み

■お身体全体の調子を下の目盛りに/印でご記入ください。

今までで最も良い　　今までで最も悪い

■お身体のだるさを下の目盛りに/印でご記入ください。

全くだるくない　　今までで最もだるい

■痛い関節に×印をつけてください。

右　　　　　　左

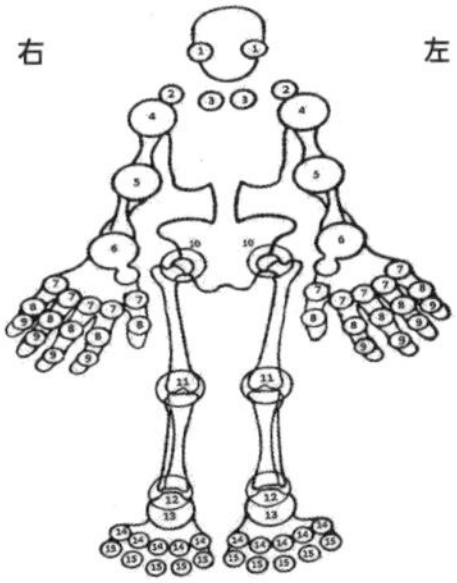

■必要な薬を教えてください。

1. 通常通りでいい

2. 余っている薬がある

3. 特に必要な薬がある

■次回の希望（もしあれば）

週間後

医）東信会は個人情報の重要性を認識しその保護の徹底を図るために個人情報保護法を遵守します

医療法人社団　東信会　　作成日 2022年4月18日

図表19　HAQテスト

下記日常動作について、あてはまるところに○印を付けてください。

	何の困難もない（0点）	いくらか困難（1点）	かなり困難（2点）	できない（3点）
靴ひもを結び、ボタンかけも含め、身支度できますか				
就寝、起床の動作ができますか				
いっぱいに水が入っている茶碗やコップを口元まで運べますか				
戸外で平らな地面を歩けますか				
身体全体を洗い、タオルで拭くことができますか				
腰を曲げ、床にある衣類を拾い上げることができますか				
蛇口の開閉ができますか				
車の乗り降りができますか				

出典：Pincus T, et al：Arthritis Rheum 1983；26：1346-1353.

だったときを10、最もよいときを0としたら、今はいくつくらいだと感じられるか、その位置に印をつけます。これがVASといわれる評価です。一見、主観的で役に立たないように思えますが、答えにくい痛みの程度を数値化することで推移が分かる方法として、リウマチ治療に限らず、いろいろな病気の治療でも使われている指標になっています。日常生活を送るために動作に制限が起きているかどうかを調べる方法としてはHAQ（ハック）というテストが行われます。それぞれの質問に対し4段階のなかから自分の状態に最も近いもの選び、トータルの点数を20で割ったスコアが0・5以下であれば機能的寛解となります。このテストは受診時に限らず、家でも時々行ってみると、そのときの症状を客観的に把握するのに役立ちます。

これらの自己申告をしたあとは医師の診察や血液検査などによって、リウマチの活動性の評価が行われます。ここは医師が複雑な計算を行うところですので、患者としては算出された数値に注目します。それによって、受診したときのリウマチの活動性が高いか低いか、あるいは寛解状態に達したかを診断することができます。

新しい治療とは画期的な薬だけでなく、治療の進め方や治療の評価、つまり治療を進めるためのサポート体制も大きく変わることを意味します。治療のパートナーは医師だけでなく、看護師やその他のスタッフにまで及び、チーム医療でリウマチ患者を支える体制が理想的だといえます。

・最新医療における寛解と完治

リウマチ治療はずいぶんシステム的にもフォローされるようになりました。さまざまな角度からサポートされているおかげで効果の高い薬もより効果が高まるように使われ、今

図表 20　リウマチ治療に使用する薬の選択方法

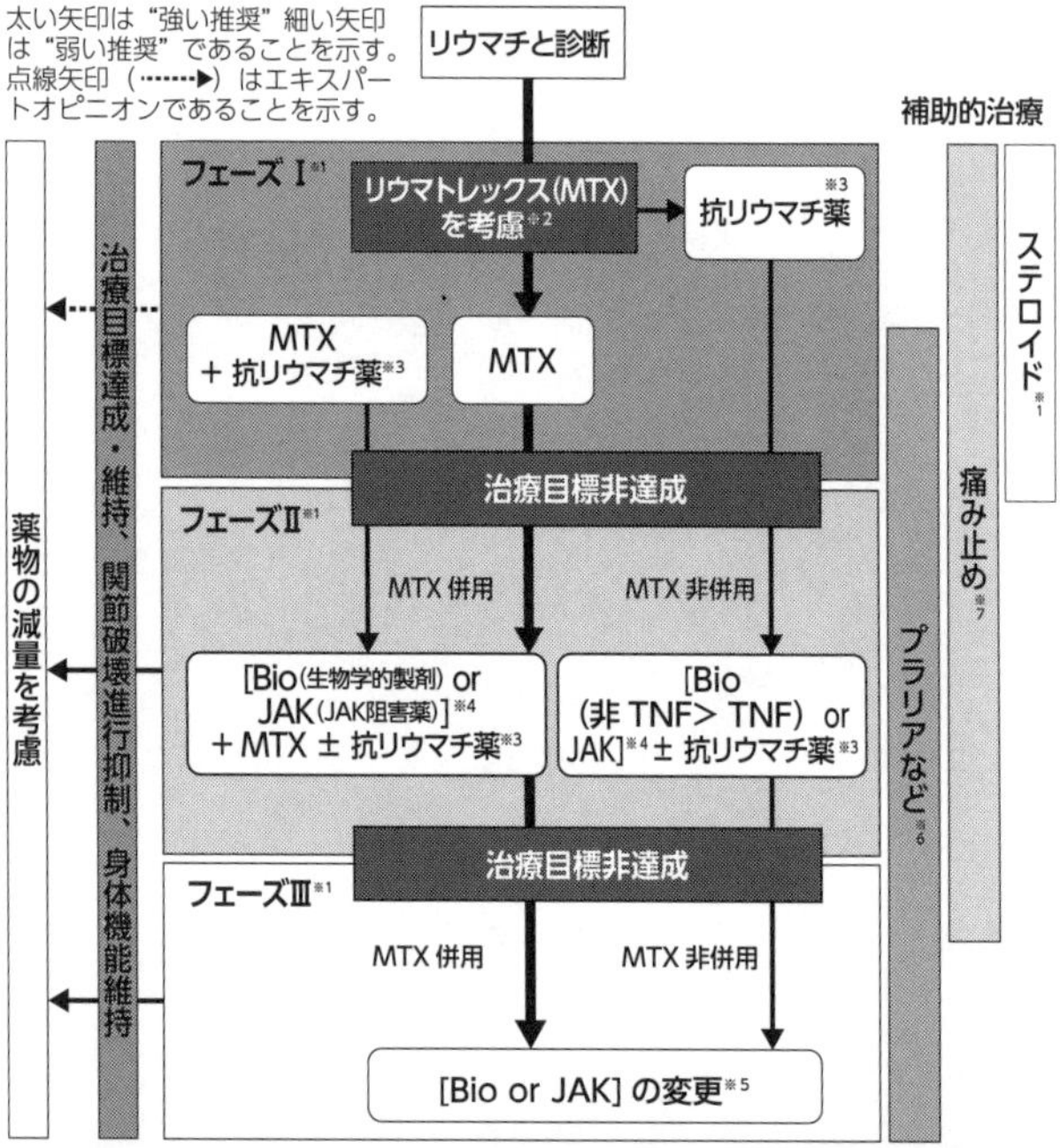

※1：原則として 6 カ月以内に治療目標である「臨床的寛解もしくは低疾患活動性」が達成できない場合には、次のフェーズに進む。
治療開始後 3 カ月で改善が見られなければ治療を見直し、RF/ACPA 陽性(特に高力価陽性)や早期からの骨びらんを有する症例は関節破壊が進みやすいため、より積極的な治療を考慮する。

※2：禁忌事項のほかに、年齢、腎機能、肺合併症等を考慮して決定する。

※3：リウマトレックス以外の抗リウマチ薬を指す。

※4：長期安全性、医療経済の観点から生物学的製剤を優先する。

※5：TNF 阻害薬が効果不十分な場合は、非 TNF 阻害薬への切替を優先する。

※6：疾患活動性が低下しても骨びらんの進行がある患者、特に RF/ACPA 陽性患者で使用を考慮する。

※7：疼痛《とうつう》緩和目的に必要最小量で短期間が望ましい。

「関節リウマチ診療ガイドライン 2020」より作成

では薬をまったく使わなくても寛解が維持できる状態、すなわち完治といってもよい状態に達することもできるようになりました。痛みを抑えるだけの治療から、リウマチの根本治療を行う治療に完全にシフトチェンジが行われたことでリウマチ治療にも寛解、完治といった言葉が使われるようになるとは、少し前までのリウマチ治療の世界では想像すらできなかったことです。

寛解、完治を目指すためには、新薬を治療に導入しているかとともに、こうした万全なフォローアップ体制をもっているかどうかが、ともに治療に並走してくれる病院かどうかを見極めるカギとなるはずです。

リウマチの治療薬を知る

現在、日本リウマチ学会では治療方針や治療に使用する薬の選択方法については図表20のような3段階のフェーズに分けたガイドラインに沿って行うことを推奨しています。

リウマチ治療のフェーズⅠ　抗リウマチ薬

・リウマトレックス

リウマチと診断されたらまず、抗リウマチ薬であるリウマトレックスを第一選択薬として使います。最も基本となる薬でもあることから、「アンカードラッグ」という言い方をすることもあります。施設によっては元の薬剤名メトトレキサート、略してＭＴＸと呼んでいる場合もあります。もともとは抗がん剤であるため、そのことを知った患者は内服するのを怖がりますが、リウマチにはがんに投与する量の50~１００分の1の用量で使うだけで効果があるので、安心して内服できます。

リウマトレックスは、敵であるサイトカイン物質を直接的に攻撃するわけではありません。細胞が増殖するときに必要な葉酸の働きを抑えることで、発症時にどんどん増えている滑膜細胞の活動も抑え、結果的にＩＬ－６などのサイトカイン物質が発生しないようにする薬です。

私たちリウマチ専門医が最も使用している薬ですし、最近では費用も安くなって保険の３割負担でも月に２０００円程度です。錠剤の服用ですから、患者にも手軽なうえ、量の増減も容易です。使用開始から1カ月のうちには治療効果も表れるため、継続するか別の薬にするかの方針も立てやすいのです。服用期間が長くなりやすいリウマチ治療では、使い続けていくうちに効果がなくなっていくことがいちばん心配されますが、リウマトレックスは比較的効果が長く続きます。

　最近ではメトジェクトというリウマトレックスの注射薬も登場しました。口内炎や吐き気などの反応が出てリウマトレックスの服用を諦めていたり我慢して内服していたりする人も、メトジェクトに変更することで効果を得ることが期待できます。

　リウマトレックスには単剤の効果以外に生物学的製剤やＪＡＫ阻害薬の効果を引き出したり併用したりすることで予想以上の効果が出ることもあり、リウマチ治療にはなくてはならない薬です。

　とはいえ、副作用もないわけではありません。そもそも葉酸の働きを抑えるわけですから、それに伴う貧血、口内炎、食欲不振、肝機能障害などが現れる可能性があります。そのため腎臓や肝臓に持病がある人には投与に注意が必要です。適量の葉酸を補充するためにフォリアミン錠が一緒に処方されます。重い副作用には、間質性肺炎や骨髄抑制があります。これらの症状が見られたときは、リウマトレックスは休薬し、病状に応じて入院して治療を行います。

また、リウマトレックスには胎児の催奇形性に影響する場合があるため、注意が必要です。妊娠を考えている場合は、1カ月前には服用を中止します。産後に授乳を行う間も、乳児の体の発育に影響してしまうため使えません。

リウマトレックスだけを使って治療を行った場合のデータで見ると、これによって寛解に至ったのが約30%、活動性が低くなったのを含めると約50%でした。思うように効いていない症例は、使用開始のときにすでに活動性が中等度以上と高かった人たちです。このデータからも、いかに早く診断をつけて治療に入ることができるかが大切だと分かります。

リウマトレックスの効果があまり上がらない場合は、図表20の薬選択の流れにもあるように、リウマトレックスに加えて別の抗リウマチ薬を使うことを検討します。選択する薬は表のとおりです。効果だけでなく、副作用の出方など多角的な角度から医師などの医療チームと患者とで相談しながら決めていきます。

図表 21　MTX 導入後の寛解率

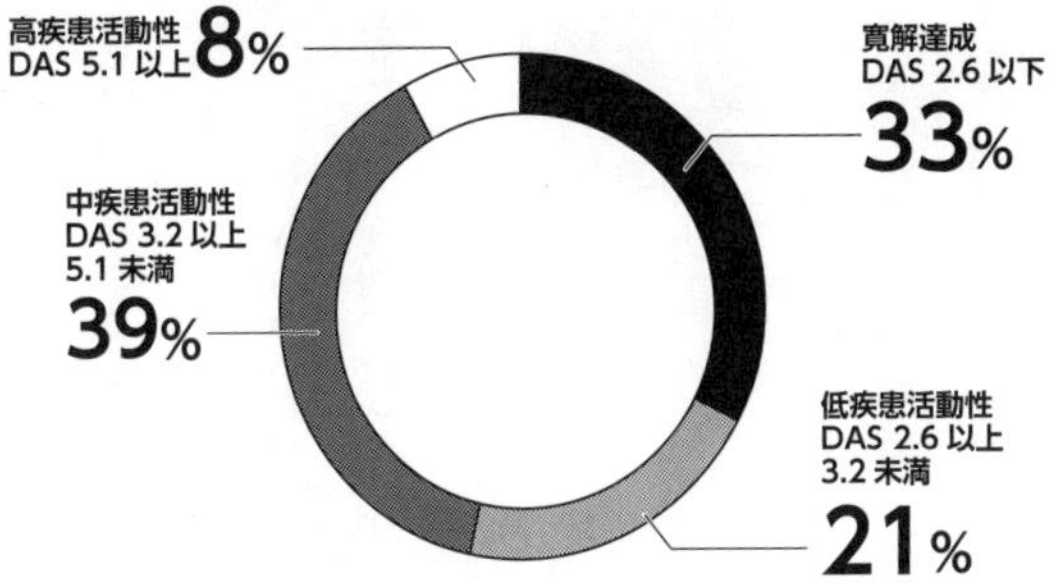

投与開始時に DAS28 が中疾患活動性以上であれば、
半年間投与しても寛解にならない可能性がある。
MTX の効果は 24 ～ 28 週目で効果が頭打ちである。
※比率は小数点以下を四捨五入しているため合計 100%にならない。

・その他の抗リウマチ薬

［ケアラム（イグラチモド）］

国産の薬剤で、免疫を調整して炎症や腫れを抑えて関節破壊を防ぐ働きをします。リウマトレックスと併用することで効果があがることが証明されていますがケアラムだけでも効果はあるので、リウマトレックスが内服できないとき代わりに投与されることもあります。効果発現まで3～4週間かかります。脳梗塞や心筋梗塞を発症した患者が血管内に血栓ができるのを防ぐワーファリン（ワルファリン）とは一緒に処方できないので、私のクリニックの場合は処方する際に「血液をサラサラにする薬を内服していませんか」と確認します。

［アザルフィジン（サラゾスルファピリジン）］

リウマトレックスを使えない場合に用いられます。もともとは潰瘍性大腸炎の薬として使われていたもので、関節破壊を抑制する働きがあります。服用から1、2カ月で効果が表れます。副作用では薬疹が比較的多いので、内服を開始して皮疹や紅斑が出たらすぐに中止します。肝障害にも注意が必要ですが、腎臓への影響は少ない薬です。

［リマチル（ブシラミン）］

国産の薬で、血液中のリウマトイド因子を分解する働きが、炎症を抑えます。早ければ1カ月、遅くとも3カ月程度で効果が表れてきます。副作用としてはタンパク尿やネフローゼ症候群などの腎機能障害に注意が必要で、そのほかには薬疹、味覚異常、食欲低下、間質性肺炎などがあります。

［プログラフ（タクロリムス）］

国産の免疫抑制剤です。筑波山の土壌にいた放線菌から発見され、開発されたもので、抗リウマチ薬としても使われるようになりました。T細胞の増殖を阻み、サイトカインの分泌を抑える働きをします。単剤で投与される、またはほかの抗リウマチ薬と併用されることが多い薬ですが、ほかに飲んでいる薬があるときは飲み合わせに注意が必要で、服用期間にグレープフルーツやはっさくなどをとると（果実でもジュースでも）、副作用が出やすくなります。主な副作用は腎機能障害、頭痛、高血糖、高血圧などです。食後に内服することによって、吐き気などの胃腸障害を予防します。

［ブレディニン（ミゾリビン）］

これも国産の免疫抑制剤で、八丈島の土壌にいた糸状菌から発見され、開発されたものです。腎機能に与える影響が少ないため、腎機能障害があってリウマトレックスが使えない人にも使えます。単体で使う場合はリウマトレックスより効果は弱いのですが、リウマトレックスと併用することで効果が高まります。副作用は血液障害や高尿酸血症などがありますが、基本的には安全な薬剤として位置づけられています。

［シオゾール（金チオリンゴ酸ナトリウム）］

金の有機化合物からつくられた「金製剤」といわれるもので、古くからある抗リウマチ薬です。ほかの薬が使えない場合に選択肢として考えるケースもありますが、注射薬であること、そしてほかに有効な薬剤が登場した今では次第に使われなくなりました。副作用としては薬疹、口内炎、腎機能障害などが見られます。

［アラバ（レフルノミド）］

海外ではリウマトレックスと同等かそれ以上の効果があるとされて使われている薬ですが、日本では海外で報告のなかった間質性肺炎を合併する報告があるため、現在ではほぼ使用されなくなりました。副作用はほかに下痢、高血圧、吐き気、脱毛などがあります。体外に排出されるまでに時間がかかるため、副作用が見られたときには、できるだけ早く体外に排出する薬を投与して副作用の回復に努めます。

リウマチ治療のフェーズⅡ　リウマトレックス＋生物学的製剤またはＪＡＫ阻害薬

フェーズⅠでなかなか効果が出ず治療目標が達成できないときには、フェーズⅡに進みます。予後不良因子というしっかり治療しないと関節が壊れてしまう要素をもっている患者に対し、リウマトレックスを基本として生物学的製剤またはＪＡＫ阻害薬を使います。予後不良因子をもたない場合には、複数の抗リウマチ薬を組み合わせる方法で治療することもあります。

図表22　リウマチにおける予後不良因子をもつ患者の定義

- リウマトイド因子高値／抗CCP抗体高値
- 早期から骨破壊・骨びらんを有する
- 疾患活動性が高い
- 2剤以上の抗リウマチ薬が無効

上記の要素をもつ患者

ヨーロッパリウマチ学会リコメンデーション2022

・生物学的製剤（Ｂｉｏ）

最初に日本で生物学的製剤が認可されたのは２００３年のことでした。この薬の登場はリウマチ治療の世界ではかなりセンセーショナルな出来事だったのです。

「長らく寝たきりだった人が投与してすぐに歩くことができ

図表23　生物学的製剤によるリウマチ治療の経過

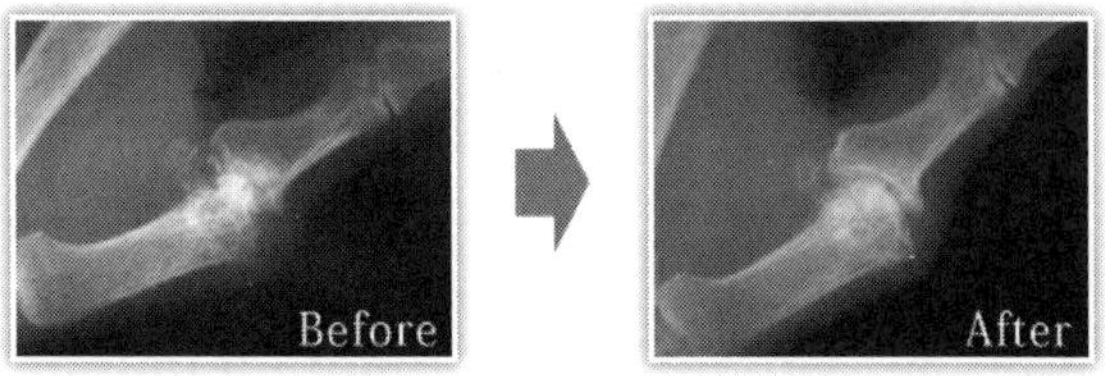

るようになった」というような話が次々と聞こえてきたからです。私自身、患者に使ってみたところ「帰り道でもう良くなっていた」とびっくりする報告を受けたのも一度や二度ではありません。

関節・骨破壊を止める働きがあるとは分かっていましたが、すでに壊れていた関節・骨も修復できるのですから、医療関係者もその効果には改めて驚かされたものです。リウマチ治療にさらに大きな光が射してきたという思いを強くしました。

もちろん関節・骨破壊を起こしている患者全員がこのように修復するわけではありません。それでも最近発症して新しい治療の恩恵を受けられた人ばかりでなく、リウマチの進行した患者にも夢のもてる出来事でした。

生物学的製剤は免疫異常が起こったときに分泌されるＩＬ－６やＴＮＦ－αなどのサイトカインを目がけて働きかけますが、

その後使われるようになった生物学的製剤のなかにはT細胞という免疫細胞の働きを抑えることでサイトカインが分泌できないようにする薬も登場しました。

これほど効果のある薬なら、できるだけ早く使いたくなりますが、高価なことがネックでもあります。一部例外はありますが、日本リウマチ学会では、まずリウマトレックスを使ったうえで、それでも効果がなかったときに使うようにガイドラインに定めました。

生物学的製剤は点滴や皮下注射で行いますが、病院の指導のもとに自己注射が可能なものもあります。自己注射といっても病院で行うような注射を家で行うわけではなく、1回分の薬剤が入っている容器のキャップを取り、本体を押し当てるだけで自動的に針が皮膚に刺さり、薬剤が注入できるものです。注射針を直接目にせずに、薬剤が入っていくところは目で見て分かります。手にこわばりがあっても使いやすい設計になっていて安心して自己注射が行えます。冷蔵庫で保管し、使用の1時間前に出して室温に戻すことで注射時の痛みが軽減します。おなかや太もも、上腕部に注射します。

現在、日本で使える生物学的製剤は次の9種類で、これらは骨破壊の抑制と骨修復を可能にしています。いずれも免疫の働きを抑える薬なので、肺炎や結核といった感染症にかかるリスクが高まることに注意して使用する必要があります。

レミケード（インフリキシマブ）　点滴

２００３年に承認された日本初の生物学的製剤です。ＴＮＦ－αの産生を抑え、関節破壊を抑制する効果があります。それまでは抗リウマチ薬が治療の中心でしたが、この薬の登場によって寛解率も高くなりました。症状が重い場合の標準治療薬となっています。ＴＮＦ阻害薬ではこの薬だけが点滴で行うもので、効果は極めて早く表れ、数日で実感できることもあります。効果の表れ方によって薬の量を増減したり、間隔を調整したりします。この薬を使用する場合は、リウマトレックスと併用します。レミケードを使用すると薬物に対する抗体ができてしまい効果が弱まるため、それを防ぐのにリウマトレックスを併用しておく必要があるのです。早期に使用することが望まれますが、リウマチ歴が長く関節破壊が進んだ人でも病気の活動性を下げたり、寛解に至ったりするケースや生物学的製剤を卒業できる患者もいます。副作用としては感染症、特に結核の発症が心配されていましたが、現在は予防策を講じることができています。

エンブレル（エタネルセプト）　皮下注射

アメリカで開発され、日本では２００５年に承認されました。レミケードと似ていて、ＴＮＦ-αの働きを阻害することで、免疫異常を抑え、炎症と関節破壊を抑制する効果があります。ヒト由来のタンパク質だけをもとにつくられたものなのでアレルギーも起きにくく、リウマトレックスの併用が必須ではないのですが、併用すると効果が高いことが分かっています。リウマトレックスとの併用で軟骨や骨が一部再生されたという報告もあります。投与間隔は週に1、2回と短いのですがそれ以上に投与間隔を延長できる患者がいます。効果が出るのが早く、効果が長続きし、半減期が短いため副作用が出た場合はすぐに対処できるということです。持病があったり高齢だったりと慎重な投与が必要な場合に使いやすい薬といえます。また、実際の臨床では妊娠を考えている人の選択肢となる薬でもあります。自己注射も可能です。

アクテムラ（トシリズマブ）　皮下注射・点滴

ＩＬ−６の働きを阻害する薬で、唯一の国産の生物学的製剤として２００８年に承認されました。アクテムラも免疫異常を改善し、関節・骨破壊の進行を抑えます。点滴と注射があり、自己注射も可能です。リウマトレックスと併用しなくても単剤で高い効果があり、リウマトレックスを使えない人にも選択される薬です。寛解に至る率も高く、アクテムラを卒業する患者もいます。また、小児のリウマチ治療にも使えます。

点滴では体重によって使用量が異なりますが、標準体重の場合は生物学的製剤のなかでは最も安価で、経済的にも使いやすいといえます。副作用としては感染症のほか脂質異常症などがあります。現在、私のクリニックではアクテムラバイオシミラーの治験を実施しています。数年後にはさらに安価になることが期待される薬です。

ヒュミラ（アダリムマブ）　皮下注射

ＴＮＦ−αの働きを阻害する薬で、日本では２００８年に承認されました。これも完全にヒト由来のタンパク質のみからできています。レミケードやエンブレル同様の効果が確認されています。多くの生物学的製剤は抗リウマチ薬で効果がなかった場合に使うことになっていますが、急激に関節・骨破壊が進みそうだと予想される人には、発症初期から使うことのできる生物学的製剤です。リウマトレックスとの併用が必須ではありませんが、併用したほうが効果と継続率が高いという報告があります。２週間に１度の皮下注射で自己注射もできます。副作用は感染症のほか、かゆみを伴うことがあります。適切に使うことにより、ヒュミラを卒業できる患者もいます。

シンポニー（ゴリムマブ）　皮下注射

　ＴＮＦ－αの働きを阻害する薬で、日本では２０１１年に承認されました。これも完全にヒト由来のタンパク質からつくられているため抗体ができにくい薬ですが、リウマトレックスとの併用で効果が高まるため、併用は推奨されています。リウマトレックスが使えない場合は、単独使用もできます。４週間に１度の投与間隔でよく、状態によっては投与量を倍量にすることも認められています。実際の外来では、まず４週間ごとの投与を行い、効果があると投与間隔を５、６週間ごとに延長することもあります。１回の注射の薬液量が少ないため、注射のときの痛みが少ないといわれています。また、通院せずとも自宅で自己注射によって投与することも可能です。50㎎で効果が不十分であれば100㎎に増加することも可能です。

シムジア（セルトリズマブペゴル）　皮下注射

2012年に国内承認された薬です。TNF阻害薬ではありますが、ほかの生物学的製剤と構造が少し異なり、アレルギー反応を起こりにくくした薬です。この薬は分子構造から胎盤を通過しにくいとも考えられ、エンブレルとともに妊娠を考えている人や授乳をしたい人でも選択することのできる薬です。シムジアは添付文書（使用上の注意や品目仕様といった、医薬品などの重要事項を記載した書面）でも妊娠・授乳が可能と記載されているので、私のクリニックでは妊娠・出産を考えている患者のほとんどがこの治療法を選択し、元気な赤ちゃんが産まれています。

オレンシア（アバタセプト）　皮下注射・点滴

サイトカインの上位に位置するT細胞が過剰な免疫反応を起こさないように制御する薬です。それによってサイトカインであるＴＮＦ－αやＩＬ－６が過剰に分泌することを抑えます。使用した場合の効果は高いのですが、サイトカインを直接叩くわけではないので効果が表れるまでには1カ月程度かかります。しかし、リウマトレックスと併用することで即効性も期待できます。点滴と皮下注射が選択できるので、４週間ごとに外来で投与することもあれば、毎週自宅で投与する患者もいます。いずれにしても寛解を維持できれば投与間隔を延長することが可能です。副作用として起こる感染症の頻度が低く、高齢者など感染症リスクの高い人や間質性肺炎を合併している人でも安心して使用できる薬剤です。

ケブザラ（サリルマブ）　皮下注射

　ＩＬ－６の作用を抑制する薬で、日本では２０１７年に承認されました。自己注射も可能です。リウマトレックスなどの抗リウマチ薬で効果が見られないときに選択します。アクテムラと同様に採血検査ではＣＲＰの異常が確認しづらくなるので、感染症への注意が

図表24　日本で使える生物学的製剤

商品名	オレンシア		アクテムラ		ケブザラ	レミケード	エンブレル	ヒュミラ	シンポニー	シムジア	ナノゾラ
一般名	アバタセプト		トシリズマブ		サリルマブ	インフリキシマブ	エタネルセプト	アダリムマブ	ゴリムマブ	セルトリズマブペゴル	オゾラリズマブ
作用対象	CTLA4		IL-6		IL-6	TNF-α	TNF-α	TNF-α	TNF-α	TNF-α	TNF-α
投与経路	皮下注射 	点滴 	皮下注射 	点滴 	皮下注射 	点滴 	皮下注射 	皮下注射 	皮下注射 	皮下注射 	皮下注射 
1回の投与量	125mg	体重1kgあたり10mg	162mg	体重1kgあたり8mg	150mgまたは200mg	体重1kgあたり3~10mg	25mgまたは50mg	40mgまたは80mg	50mgまたは100mg	200mg1本または2本	30mg
投与間隔	1週毎(初回のみ同日に点滴製剤との併用が可能)	0、2、4週以後2~4週毎	2週毎	4週毎	2週毎	0、2、6週以後4~8週毎	週に1~2回	2週毎	4週毎	0、2、4週以後2~4週毎	4週毎
併用	単独も可		単独も可		単独も可	MTX併用が必須	単独も可	単独も可	単独も可	単独も可	単独も可
開発	アメリカ		日本		アメリカ フランス	アメリカ	アメリカ	アメリカ	アメリカ	イギリス	日本 ベルギー

必要です。アクテムラと同様にＩＬ－６の働きを抑えますが同等かそれ以上の効果があることが期待されています。

ナノゾラ（オゾラリズマブ）　皮下注射

２０２２年９月に国内承認され、現状ではいちばん新しく登場したＴＮＦ阻害薬です。ほかの生物学的製剤と構造が若干異なり、即効性と効果の持続性が期待される薬剤です。リウマトレックスと併用するほうが効果は高いですが、ナノゾラ単独でも高い効果を発揮できます。私のクリニックで治験を行った患者の結果も良好でした。

・JAK阻害薬（JAK）

生物学的製剤は細胞の外で、直接サイトカインを抑える薬でした。それに対してＪＡＫ阻害薬は、細胞内でのサイトカインの悪さを阻害する薬です。ＪＡＫとはヤヌスキナーゼという酵素のことです。細胞の外にある情報を細胞内に伝える役割をする酵素は○○キナーゼと呼ばれますが、そのうちの一つです。サイトカインが直接細胞内に潜り込むわけ

	スマイラフ (ペフィシチニブ)	リンヴォック (ウパダシチニブ)	ジセレカ (フィルゴチニブ)
	2019年	2020年	2020年
	・関節リウマチ	・関節リウマチ ・関節症性乾癬 ・アトピー性皮膚炎 ・強直性脊椎炎 ・潰瘍性大腸炎	・関節リウマチ ・潰瘍性大腸炎
	1日1回経口投与	1日1回経口投与	1日1回経口投与
	JAK1・2・3を 阻害	JAK1（2）を阻害	JAK1を阻害
	併用可	併用不可	併用不可
	重度の肝機能障害	重度の肝機能障害	・末期腎不全 ・重度の肝機能障害
	・なし	・CYP3Aを強く阻害する薬剤 ・CYP3Aを強く誘導する薬剤	・なし

著者作成

ではなく、細胞の表面にあるサイトカイン受容体と結合してもっと炎症を起こせという情報を細胞内の核に伝達するのですが、伝達を支えるＪＡＫを阻害することで、伝達をさせないようにしています。生物学的製剤が特定のサイトカインをターゲットにしているのに対し、ＪＡＫ阻害薬はターゲットを定めてはいないため、生物学的製剤でターゲットにしていなかったサイトカインにも使えます。即効性があり、効いてくる感覚がすぐに患者自身にもよく分かる薬です。

　生物学的製剤が点滴または皮下注射であるのに対し、こちらは内服薬なので患

図表25　日本で使えるJAK阻害薬

製品名(一般名)	ゼルヤンツ(トファシチニブ)	オルミエント(バリシチニブ)
販売開始年	2013年	2017年
効能・効果	・関節リウマチ ・潰瘍性大腸炎	・関節リウマチ ・アトピー性皮膚炎 ・SARS-COV-2 ・円形脱毛症
用法	1日2回経口投与	1日1回経口投与
作用機序	JAK1・2・3を 阻害	JAK1・2を 阻害
免疫抑制剤の併用	併用不可	併用可
臓器機能に関する禁忌項目	重度の肝機能障害	重度の腎機能障害
併用注意薬等	・CYP3A4阻害剤 ・グレープフルーツ ・フルコナゾール ・CYP3A4誘導剤 ・セイヨウオトギリソウ(St.John's Wort.セント・ジョーンズ・ワート）含有食品 ・肝機能障害を起こす可能性のある薬剤	・プロベネシド

者にとっては手軽に使いやすい薬です。

とはいえ、これも薬価の高い薬であるため、まずはリウマトレックスを第一選択薬として使い、さらにリウマトレックスと生物学的製剤の併用を行ったあとの選択肢となることが多いです。生物学的製剤で効果があがらなかった人でも、ＪＡＫ阻害薬に切り替えることで効果が見られる患者が多数います。副作用としては帯状疱疹が多く見られるので、使用の際には帯状疱疹のワクチン接種を勧められることもあります。また、がんに罹患した患者やそのリスクがある患者、50歳以上で心血管疾患をもつ患者への投薬は注意が必要ですが、有効性は非常に高い薬剤です。肝機能障害や帯状疱疹などのリスクもあるので、万が一そうした副作用が現れたときでもすぐに対応可能な、経験豊富なリウマチ専門医のもとで治療を行うことが望ましいと、日本リウマチ学会のガイドラインにも書かれています。現在日本で使えるＪＡＫ阻害薬は以下の5種類です。

ゼルヤンツ（トファシチニブ）

日本初のＪＡＫ阻害薬で２０１３年に発売されました。最初に開発されたＪＡＫ阻害薬なので効果を確認した多くのデータがあります。５mgを１日に２回内服する半減期の短い薬で、副作用が出た際にはすぐに服用を中止することで速やかに体内から薬の影響が失われていきます。リウマトレックスと併用することもあれば、単体で使うこともあります。肝機能の悪い患者に投与する際には注意が必要です。

オルミエント（バリシチニブ）

２０１７年にＪＡＫ阻害薬で2番目に発売された薬です。２mgあるいは４mgを１日に１

回内服します。効果が出てきたら通常の量の半量に減量することも可能です。この薬剤はリウマトレックス以外の免疫抑制剤との併用が可能なので併用薬の治療バリエーションが多くなります。治療の効果は高く、副作用とのバランスのとれた良い薬剤です。腎臓が悪い患者に投与するときは服薬の量に注意が必要です。

スマイラフ（ペフィシチニブ）

２０１９年に発売されたＪＡＫ阻害薬で３番目の薬です。この薬剤もリウマトレックスなどの抗リウマチ薬を投与しても、さらに生物学的製剤を使用しても症状が改善しない場合に使われます。１日に１００mgあるいは１５０mgを１回服用します。この薬剤もリウマトレックス以外の免疫抑制剤との併用が可能なので併用薬の治療バリエーションが多くなります。この薬は肝臓で代謝されるため腎臓が悪くても服用することができます。

リンヴォック（ウパダシチニブ）

２０２０年に発売された薬です。15mgまたは７・５mgの錠剤を１日１回内服します。リンヴォック単剤で使ってもリウマトレックス＋リンヴォックを併用して使っても症状が改善した例がたくさんあります。効果があれば半量に減量もします。ＪＡＫ阻害薬に多く見られる副作用ですが、この薬剤も帯状疱疹になりやすいので服用中は注意しておきます。

ジセレカ（フィルゴチニブ）

２０２０年に発売された薬で２００mgまたは１００mgの錠剤を1日1回服用します。リウマトレックスなどでなかなか症状が改善しない、活動性が高い患者にも高い効果を期待できます。潰瘍性大腸炎の治療にも使われています。ＪＡＫ阻害薬のなかでは帯状疱疹の副作用が少ない安全な薬です。リウマトレックスとジセレカの併用で骨破壊をしっかりと抑制します。

リウマチ治療のフェーズⅢ　別の薬剤への変更

フェーズⅡで生物学的製剤またはＪＡＫ阻害薬を使っても効果が不十分だった場合は、他の生物学的製剤またはＪＡＫ阻害薬への変更を検討します。ガイドラインでは生物学的製剤のTNFに対する阻害薬が効果不十分だった場合は、非TNF阻害薬を推奨していますが、それまで使用した薬剤を変更する場合が多くあります。効果と副作用を見ながら患者に合った組み合わせを探っていくことになります。

・短期間で治療効果が表れるようになった

現在、治療に使っている薬は短期間で治療の効果が表れます。早ければ投与当日に、遅くとも3カ月目には効果を確認することができます。治療機会の窓が開いている発症から2年間のうちにできるだけ効果的な治療を行うことが大切ですから、できるだけその人のリウマチに効果がある薬を投与すべきです。妊娠・出産などの人生の希望、それまでの副作用の出方、もちろん薬価まで含めて医療者と患者はよく話し合いながら、速やかに治療薬の選択を進めています。

・ステロイド剤は不要となった

薬は使いたくないという人が嫌がっている薬の筆頭格がステロイドです。炎症を抑えるには有効ですが感染症、骨粗鬆症、糖尿病、脂質異常などのリスクはあります。そもそも、ステロイドで痛みや炎症を抑える治療は時代遅れとなっています。

日本リウマチ学会による最新の診療ガイドライン（２０２０年）では、ステロイド剤は補助的治療と位置づけられました。使用するとしても「早期の患者でごく少量短期間の使用にとどめ」とあります。もはやステロイドはリウマチ治療の主流ではないと、学会も認めているのです。

学会でも想定しているのは、抗リウマチ薬や生物学的製剤の効果が表れるまで、または妊娠中などで薬の使用が限定される時期などと限定的な使用です。その目的でもできるだけ非ステロイド性の抗炎症剤を優先しています。リウマチ歴の長い人はリウマチの症状よりもステロイドの長期使用による副作用に苦しんできた経緯があります。

画期的な新薬のおかげで、すでにそうした苦しみからは解放されました。リウマチ治療といえばステロイド投与だった暗黒の時代は完全に去り、新しい治療の時代が本格的に到来したといえます。

・リハビリの頻度は少なくなったが大切な治療

以前の炎症や痛みを取り除くだけの治療では、関節や骨の破壊は止められず、徐々に進行していました。進行は避けられないものとして、少しでも進行を遅らせるために、またすでに動かしにくくなった関節の可動域を少しでも広げられるようにと、リハビリテーションが行われていました。薬での治療に効果がなかった分、その占める役割は大きいものでした。

しかし、発症当初から寛解を目指した治療が行われるようになった今、リハビリの役割は少なくなってきました。リウマチ治療＝リハビリではなくなりましたが、治療中も関節を無理のない範囲で動かすことは大切です。関節の可動範囲が制限されていたり、歩行に違和感や障害を感じていたりする場合には、リウマチに詳しい日本リウマチ財団登録理学療法士（ＰＴ）や作業療法士（ＯＴ）のもとで指導を受け、リハビリや装具を作成することで改善を目指します。健やかなよい姿勢を保ち、日常生活を高い質で送るためにはリハビリが有効です。

新薬登場以前の患者には

新しい治療薬、特に生物学的製剤やＪＡＫ阻害薬を使用することによって、一度破壊に進んだ関節や骨も修復されることがあります。日進月歩で治療薬の開発が進んでいる今日は、治療を続けている間にさらなる新薬が登場することも考えられます。

また、現在は人工関節もとても優れたものとなりました。以前は人工関節というと、膝や股関節といった大きな関節が主でしたが、現在では指先の小さな人工関節もあります。置換手術のための傷口や周辺の筋肉や腱などへの影響もごく小さくて済むようになっています。人工関節の耐用年数も長くなり、手術のハードルは低くなっているため、以前は高齢患者に置換手術はあまり行っていませんでしたが、最近では積極的に行われるようになりました。長く不便な生活を強いられていたという人も主治医と相談してみたり、周囲の家族から情報を提案してあげたりしてもよいと思います。

［第4章］

「協働意思決定（SDM＝Shared Decision Making）」で患者と医師二人三脚で完治を目指す

リウマチ治療の目標はライフイベントを諦めないこと

画期的な薬の登場によって寛解も視野に入れた治療が行えるようになったのは、患者にとっても医師にとってもとてもうれしいことです。効果の高い薬も多数出てきて、それをどう使っていくかの選択肢が増えました。日本リウマチ学会のリウマチ治療ガイドラインの冒頭でも次のように書かれています。

（略）リウマチに対する新しい治療薬が開発され、医療を取り巻く環境も大きく変化してきたことから、診療ガイドラインの改訂が必要であると考えられました。（略）日本診療ガイドラインは、日本における関節リウマチの診療レベルを標準化し、関節リウマチ患者さんが適切な治療を受け、病気の活動性をコントロールすることにより、長期的な生活の質を最大限まで改善し、様々なライフイベントに対応したきめ細やかな支援を可能にすることを目的として作成されました。

（日本リウマチ学会ガイドライン）

炎症や痛みを取って関節・骨破壊を抑制するという治療は前提として、患者の人生まで考えた細かな支援をすることを共通の目標とすると、ここではっきり述べているのです。「ライフイベントに対応した」という文言は、「リウマチによってライフイベントを諦めてはいけない」というメッセージそのものです。

私はリウマチ治療に関わり始め、新薬の登場もまだ途上だったときからリウマチと患者の人生は切っても切れないものと確信していました。３分診療の大学病院では患者の背景まで丁寧に聞き取って治療していくことは難しいものでした。

患者の希望をきちんと聞き取って叶えていくことこそがリウマチ治療と考え、開業を決意したのです。そしてクリニックの治療方針の第一に「リウマチ専門医の治療の目標と患者の治療の希望を一致させる」を掲げ、治療にあたっています。ここまで積み重ねてきたことは間違いなかったと、このガイドラインの前文を見たときに実感したのです。

新しい時代のリウマチ治療において多くの選択肢が登場したため、患者も自身に合った治療法を決定するために自分の希望を伝えなければなりません。

「こんな治療がありますが、どうしますか？」「先生にお任せします」というやりとりから脱して、患者の側からも希望を出してもらい、治療を一緒に進めていきたいと考えているからです。試験を受けるわけではないので、すべてのリウマチ治療を覚える必要はまったくありません。治療を選択するときに自分の考えを出せるように、現在行われている治療の全体像を知っておいてもらいたいのです。

リウマチ治療はチーム医療

患者と医師が話し合って、人生を左右するかもしれない治療法を決めていくというのは、患者にも医師にも責任が大きくのしかかります。

リウマチ治療が複雑になったということは、それだけ医療スタッフ全員が患者と一体となって治療に向き合わなければいけない時代になったということです。

チーム医療にはいくつかの考え方があります。まずはマルチ型です。

これは医師を中心としたチームです。医師と患者が連携をとるほか、医師と看護師、医師と理学療法士、医師と薬剤師、医師と栄養士などと、患者と話して決めたことを医師がスタッフに伝えるやり方です。これが一般的なチーム医療で、今まで受診したことのある病院やクリニックを思い出してみれば、なるほどそうだったなと思い当たるはずです。

もう一つがインター型です。

患者を中心にし、関わるすべての医療者が患者ともお互いの医療者とも連携し合っています。この方法では、患者が希望や心配事などを医療者の誰かに伝えることで、それを医療情報としてスタッフ全員が共有しています。リウマチ治療が患者の生活背景を勘案したものでなければいけない以上、かなりプライベートな内容にまで踏み込むことがあります。それはすべてプライバシーを守ったうえで医療情報として扱われるので安心です。

リウマチ治療においてチーム医療を行うなら、このインター型を選択し、徹底していくことがなにより大切であると考えます。私のクリニックでもインター型チームの考え方を取り入れています。リウマチ専門医をはじめ漢方専門医、リウマチケア看護師、リウマチ登録理学療法士、リウマチソノグラファー、薬剤師、放射線技師、臨床検査技師、医療事務、患者を送迎するバスの運転手に至るまで、患者一人ひとりの情報を共有しワンチームで診療に当たります。

図表 26　チーム医療におけるマルチ型チームとインター型チームの違い

マルチ型チーム
Multi-disciplinary team

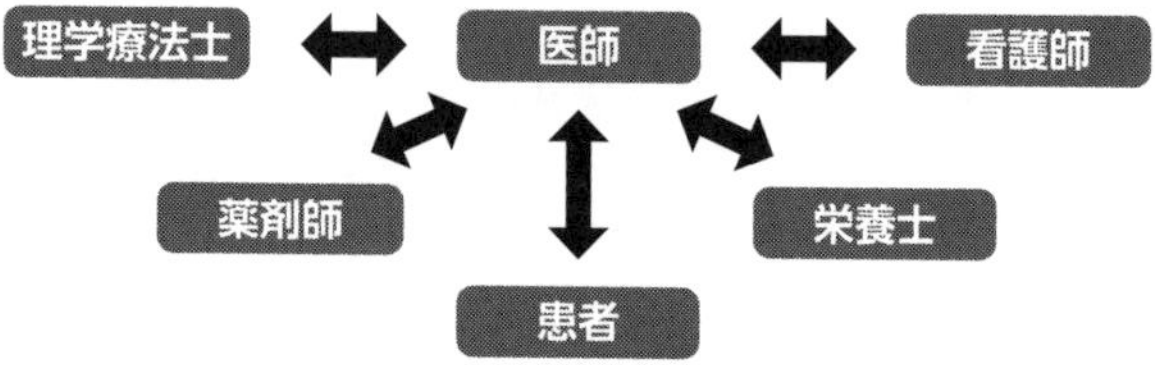

インター型チーム
Inter-disciplinary team

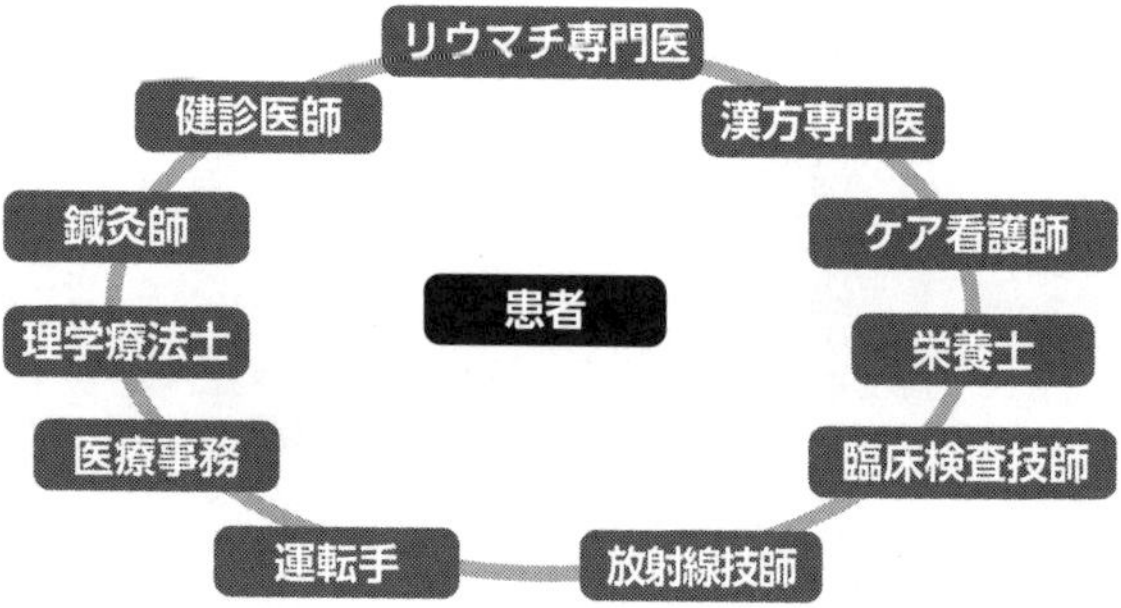

※世田谷リウマチ膠原病クリニックの場合
著者作成

治療目標を決めていくための手段がＳＤＭ

治療方針や治療薬の選択を患者と医師が相談して決めていくというのは、そう簡単なことではありません。ましてや、こうした話し合いが必要になるのは、現在の治療の効果が見られず、次はどの治療薬を選択するかという重い話になる場面に多いです。それをサポートしていくしくみとして「ＳＤＭ＝Shared Decision Making」という考え方がリウマチ医療のなかでは急速に広がっています。

ＳＤＭは協働意思決定と訳します。読んで字のごとく、患者と医療者が協働で意思決定をしていくという意味です。簡単に示すと図表27のようになります。

近年、インフォームドコンセント（ＩＣ：Informed Consent）の医療ではどんなに説明を尽くして患者に納得してもらったとしても、この表でいうと治療方針と治療方法を医師から患者へ説明する通常診療になります。それだけでは患者が自分の希望を伝えて医療者と相談し合うことはできません。ですから、ＳＤＭというしくみを使って、それをスムーズに行えるようにします。ＳＤＭを使うとこれまで経験していた診療が表の右側のよ

図表 27　リウマチ診療での SDM

	通常診療	SDM
診療時間	3分	10分×複数回
診療目的	治療の方法を医師→患者へ説明	治療の意味を患者×医師で検討
意思決定の進め方	医師が治療方法を決定し勧める 説明した治療方法を患者が決める	治療について患者の考えや気持ちを聞き取り、患者の理解に合わせて説明してともに意思決定を行う
診療スタイル	アドバイス・説得 質問に答える	患者が自律的に検討するよう支援 質問には答える
治療のゴール	患者の炎症の抑制 患者の関節破壊の抑制	患者の人生の質（QOL）

『これから始める! シェアード・ディシジョンメイキング 新しい医療のコミュニケーション』
（中山健夫編、日本医事新報社　改）

うに変化していきます。

ＳＤＭのＳ、シェアするのは治療にあたっての目標、情報、そして責任です。そこに医療者はこれまでの行ってきた医療の経験とエビデンス（科学的な根拠）を提示し、患者のほうは自分の希望や価値観を提示します。それらを合わせて話し合いを進めることで、解決策をつくり上げていきます。何も意識せずに、さあ話し合いましょうと言っても、それはなかなか難しいことですが、患者も医療者もこのしくみを心がけておくことで、意思のすり合わせがしやすくなります。

図表28の中にある「責任」とは、選んだのは自分の責任、その結果も自分の責任という意味ではありません。治療を受けるのは自分自身である、

図表28　SDMによる患者と医療者の役割

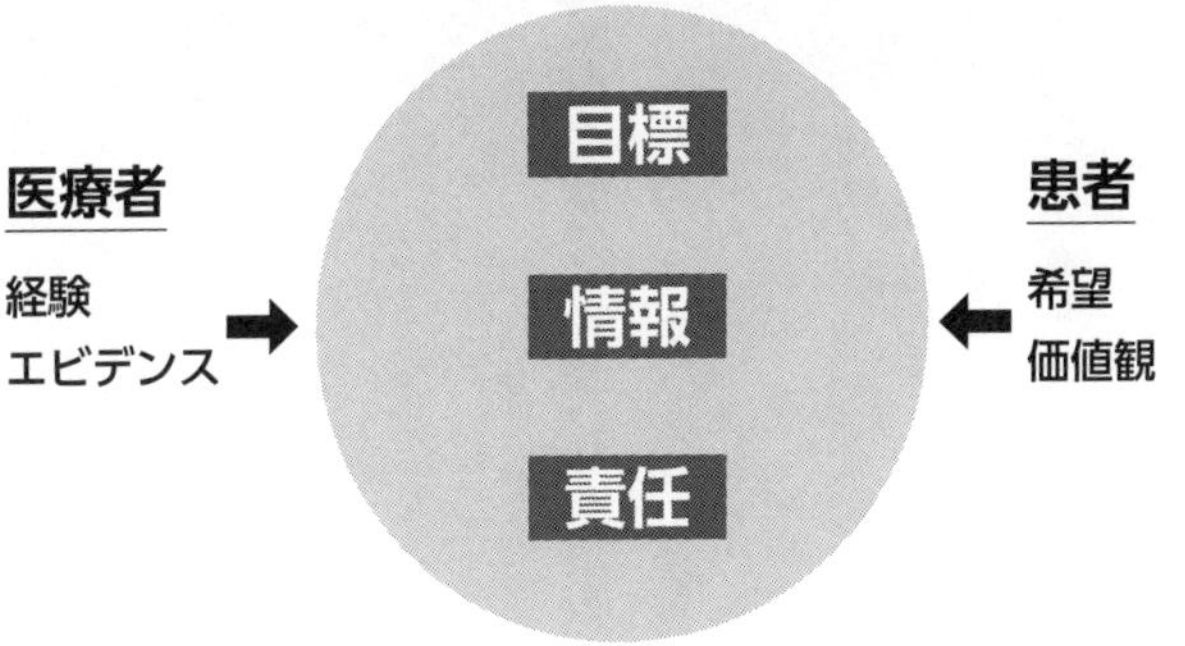

治療は自分事であるということを強く意識しておく責任のことです。

例えば生物学的製剤の場合、点滴を担当する看護師が注射する以外に自分で注射をすることもあります。糖尿病などでインスリンを自己注射していますが、それと同じです。採血と同じ注射針ではなく、自己注射しやすいように設計されたものを使うのですが、それでも最初は自分で注射なんてと嫌がる人もいます。

その場合、施設によっては注射のために毎週のように通院してもらうところもありますが、私のクリニックではできるだけ自己注射ができるように働きかけています。自分で注射を行うことで医療者任せの治療が、自分事になるからです。自分ではどうしても……という人には、家族に協力を求めることもあります。

実際に夫がどうしても自己注射を拒否していたため、妻に注射を打ってもらおうと打ち方など学んでもらったこともありました。そうしているうちに、妻にしてもらうくらいなら自分で打つという気持ちになって、今では治療についても積極的に自分の考えを話してくれるようになりました。自分のリウマチ治療は自分が主治医です。治療を自分自身のものと考えられるようになれば、そうだ、自分はこんなことをしたいのだった、もっとこんなふうにできるといいなどと具体的な夢や希望を抱けるようになってくるのです。

SDMを治療に取り入れるためのステップ

さらにSDMには9段階のステップがあります。

ステップ1　意思決定の必要を認識する
ステップ2　意思決定の過程において、医療者と患者が対等なパートナーと認識する
ステップ3　可能なすべての選択肢を同等のものとして述べる
ステップ4　選択肢のメリット、デメリットの情報を交換する

ステップ5　医療者が患者の理解と期待を吟味する
ステップ6　社会での役割・家庭での役割を踏まえた意向・希望を提示する
ステップ7　選択肢と合意に向けて話し合う
ステップ8　意思決定を共有する
ステップ9　共有した意思決定の結論を評価する時期を相談する

このうちステップ3と5は医療者からの働きかけ、ステップ6が患者からの働きかけです。意思決定をしていくためには、いきなり結論を求めてもそれは無理というものです。こうした段階を踏んでこそ、意思決定をしていくことができるのです。今、この文章だけを読んでいてもなかなか内容が頭に入ってこないと思います。実際に治療の選択をしていく話し合いの前にもう一度目を通してみると、そのときの状況に照らし合わせて考えることができ、自分の意見をどう伝えたらよいかが分かります。

参考として、ＳＤＭが機能した会話例を３つ挙げます。

リウマトレックスを使った例

患者　先生、まだ痛い関節が多くて、最近腫れてきた関節もあります。

医師　今リウマトレックスは4錠ですね。前に一度6錠に増やしたら口内炎が出ましたよね。

患者　あのときは食事ができなくなって大変でした。

医師　生物学的製剤やＪＡＫ阻害薬などの治療に変更することもできます。ただ、治療費は今よりも高額になりますが……。

患者　実は今、子どもの教育費でお金がかかっていて、自分の治療のためにお金をかけられないのです。

医師　では、リウマトレックスに抗リウマチ薬を追加する方法もありますよ。今はなにがいちばん大変ですか？

患者　毎朝子どものお弁当をつくるのが大変です。

医師　ケアラムかアザルフィジンなど抗リウマチ薬のお薬を併用することで改善が期待

できますが、効果の発現はゆっくりになります。

患者　どのくらいですか？

医師　ケアラムであれば３～４週間程度で効果が期待できます。

患者　では、まずケアラムを内服してみて、その後に生物学的製剤を考えたいです。

この会話によって患者は希望を伝えることができ、その結果、次に使う薬の選択もできました。両者が言葉をやりとりしたからこその結論です。

生物学的製剤を使った例

患者　先生、まだ痛い関節が多くて、最近腫れてきた関節もあります。

医師　治療の効果が不十分ですね。

患者　最近、ゴルフに行く回数が増えたからかな？

医師　リウマトレックスの増量をしませんか？

患者　以前、リウマトレックスを増やしたときに髪の毛が抜けたから、増やしたくないなぁ。

医師　リウマトレックスを増量しないのであれば、効果が出るのに時間がかかりますが、ほかの抗リウマチ薬を使う方法がありますし、即効性を求めるなら生物学的製剤に変更する、またはＪＡＫ阻害薬にするという方法もありますよ。ところで帯状疱疹になったことや、がん検診は受けていますか？

患者　帯状疱疹には5年前になりましたし、実はうちはがんの家系なんです。

医師　では、生物学的製剤のほうが安全性が高いので変更してみましょう。

ＪＡＫ阻害薬を使った例

患者　先生、最近朝のこわばりがあって、痛みや腫れた関節もあります。

医師　治療がいまひとつですね。リウマトレックスはこれ以上増量すると肝機能が悪くなりましたね。

患者　以前リウマトレックスを7Cに増やしたら、口内炎がひどくなりました……口内炎はつらいので嫌です。

医師　効果はゆっくりですが、ほかの抗リウマチ薬を追加する方法もあります。

患者　子どもは手離れできてきたのですが、仕事が大変なのでできるだけ早く痛みを取りたいです。

医師　即効性であれば、注射の生物学的製剤かＪＡＫ阻害薬を追加する治療法があります。

患者　自分で注射するのは怖いので、飲み薬がいいです。

医師　即効性のある内服薬であればＪＡＫ阻害薬が候補になります。帯状疱疹やがんの既往歴はありませんよね？

患者　家族にがんはいません。ただ、５年前に帯状疱疹にかかったことがあります。

医師　では、ＪＡＫ阻害薬のなかでも帯状疱疹のリスクが少なく、有効性と安全性が高い薬を選びましょう。

これらの例でも、会話のなかから患者が希望を伝え、次の治療薬の選択もできました。

問診票でも希望を伝えられる

会話のなかからはなかなか自分の希望を伝える自信がないという人もいるはずです。そんな場合には、問診票（95Pの図表18）を活用する方法があります。リウマチの場合は現在の痛みや体調について自己申告してもらう必要があるので、再診のときも問診票に記入することが多いはずです。そこで現在の体の状態を知るほか、治療の効果、治療費の心配、自分ではどう思っているかなど包み隠さず書くとよいです。

私のクリニックでは記入した問診票を預かったら、いったん看護師が電子カルテに入力しています。それで看護師も問診票に書かれたことを共有し、診察の前に医師も目を通します。それを頭に入れたうえで、診察します。医師がすくいきれなかったものは看護師が注射や点滴をするようなときにサポートしますし、治療費に不安があれば、会計時に担当者が医療補助制度などにつながる情報を詳しく説明することが、インター型のチーム医療です。

私のクリニックの問診票には、それに加えて、楽しみたいことや実現したいことについて記載する項目も設けています。この設問があることで、患者の好きなこと、やりたいこと、ひいては社会的な背景、家族などの背景まで聞き取る助けとなるからです。通院している病院やクリニックの問診票にそのような項目がなければ、欄外に書いてみるとよいと思います。私のクリニックでは現在、問診票の項目になっているようなことを日々入力でき、医療者にも伝えられるアプリを開発しています。こうしたこともSDMに直結した方法です。

新しい薬を使い始める前のチェック

薬にはリウマトレックスなどの抗リウマチ薬、生物学的製剤、JAK阻害薬があり、段階を踏んで患者に応じて使っていきます。新しい薬を検討するときには主治医ももちろん詳しく説明しますが、私のクリニックでは万が一でもよく分からないまま使い始めることのないように、新しい薬を始める前にはチェックシートを用いて、使用にあたっての注意点や患者の不安、希望などをきちんと共有できているかどうかを確認しています。

施設によっては医療者だけが見て確認をするところもありますし、患者と医療者が一緒にチェックしていくこともあります。いずれにしても、こうした確認なしに次の治療選択に進むことはないので、これを参考に選択決定までに確認すべきポイントを見ておくと安心です。

薬の選択にあたっては副作用の出方を丁寧に見ながら、いかに適切な量を使っていくかがカギです。私のクリニックでは1カ月に3000人ほどのリウマチ患者を治療していますが、治療によって重篤な副作用が出現することはまれです。これは、患者のステロイドの内服量が極めて少ないことが要因であると考えています。

・医療費の実際と支援体制

リウマチ治療に画期的な新薬が続々と誕生し、その効果も確認でき、寛解する人もかなり多くなりました。寛解に至れば薬を減量したり、薬をやめたりすることも可能です。発症して早い時期に効果的な薬を使って徹底的に病気の勢いを弱めておくことで、その後にかかる薬の費用が結果的に抑えられることには間違いありません。とはいえ、強力な治療を続けている間の薬代が負担になることも事実です。

図表29　抗リウマチ薬（メトトレキサート）内服前チェックシート

□用法・用量・内服方法について

□寛解が導入されるまで増量していくことについて

□効果を実感する期間について

□口内炎、消化器症状、空咳、脱毛、リンパの腫脹などの副作用について

□血液減少、肝障害、腎障害、間質性肺炎、悪性リンパ腫などの副作用について

□副作用予防の葉酸内服の必要性について

□青汁やセサミン、マルチビタミンなどサプリの摂取がMTXの効果を減弱させること

□感冒、インフルエンザなど感染症、手術などのトラブル時に休薬すること

□歯科、他院を受診するときは必ずお薬手帳持参、情報提供書を持参すること

□休薬したからと効果がすぐに減弱はしないこと

□服薬可否の判断がつかないときは電話あるいは受診すること

□生ワクチン（風疹、麻疹《はしか》など）の接種は禁忌であること

□患者本人、配偶者の妊娠希望についての聞き取りと計画的に妊娠する必要があること

□HAQ（身体機能障害の評価）、身体計測、リハビリテーションの必要の有無について

年　　月　　日

説 明 者：

患者氏名：

提供：世田谷リウマチ膠原病クリニック／東信よしだ内科・リウマチ科

日本リウマチ友の会による「2020年リウマチ白書」によると、会員1カ月の医療費負担の推移は図表30のようになっています。新薬登場以来、3万円以上の自己負担が増えているのが目立ちます。

新たに発症したときには、それまでなかった出費が継続していくのですから、負担に感じるのも当然です。特に生物学的製剤やJAK阻害薬を取り入れている場合には、医療費は高額になります。治療薬の選択を行うときに、薬の費用の負担について不安があればそれも検討材料になります。恥ずかしいことではないので、正直に医師や看護師など医療チームに伝えるべきです。

リウマチ治療にかかる医療費を支援する制度もあります。公的な健康保険には高額療養費制度といって、1カ月にかかった医療費が自己負担上限額を超えると、その分が払い戻される制度があります。上限額は年齢や所得などによって異なります。リウマチ治療が始まったら、まず自分が加入している健康保険組合、協会けんぽ、共済組合、国民健康保険に問い合わせ、自分がどの分類に入るかを確認する必要があります。

図表30　医療費の自己負担（1カ月平均）

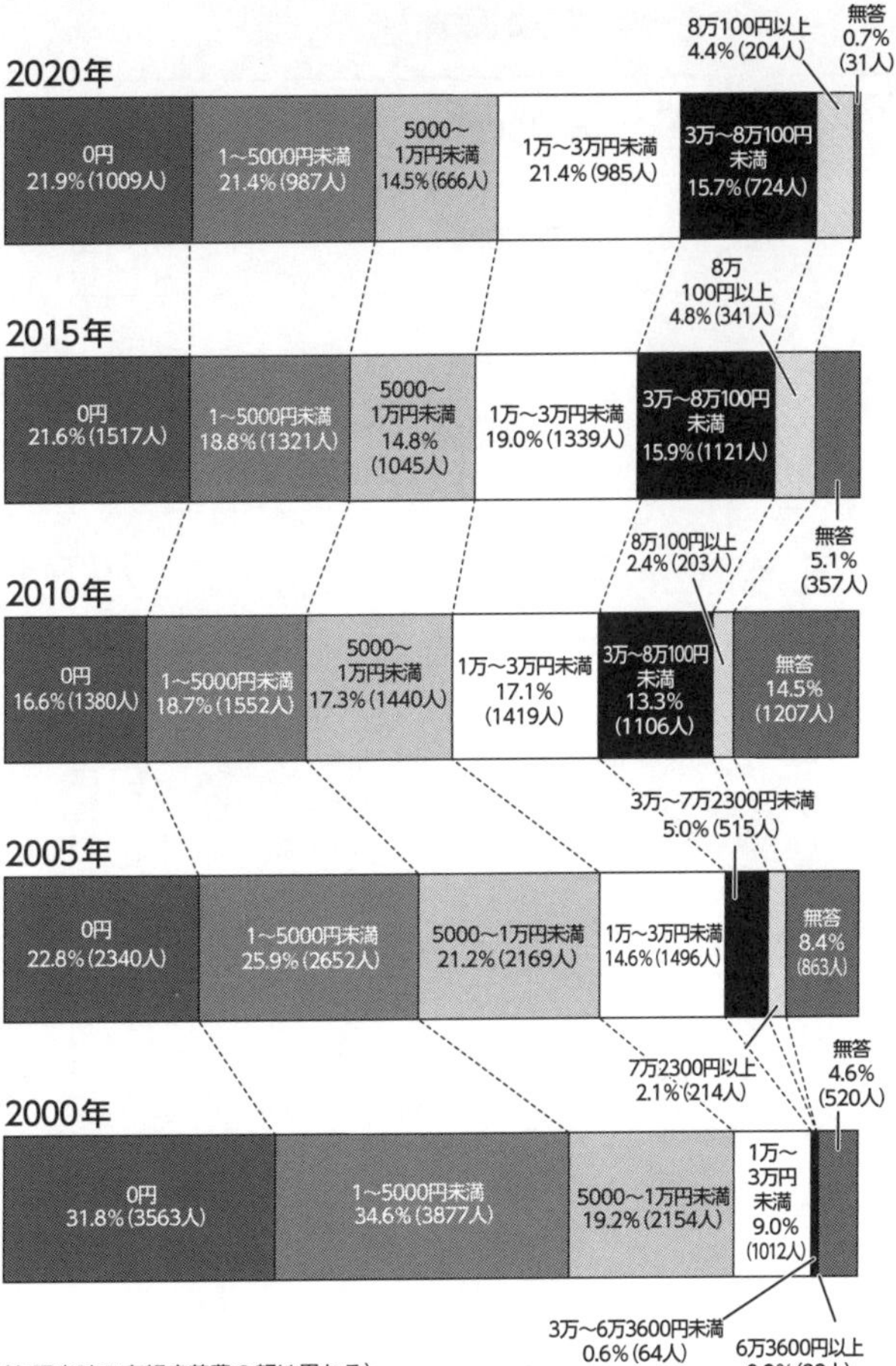

（各調査時の高額療養費の額は異なる）

（公社）日本リウマチ友の会『2020年リウマチ白書〈総合編〉』

図表31　1カ月あたりの自己負担限度額（70歳未満、自己負担額3割の場合）

所得区分	自己負担限度額（1〜3回）	4回以上
住民税非課税世帯	3万5400円	2万4600円
約370万円未満	5万7600円	4万4400円
約370万〜約770万円	8万100円＋（医療費−26万7000円）×1％	4万4400円
約770万〜約1160万円	16万7400円＋（医療費−55万8000円）×1％	9万3000円
約1160万円	25万2600円＋（医療費−84万2000円）×1％	14万100円

厚生労働省「高額療養費制度を利用される皆さまへ」を基に作成、2023年2月現在

70歳未満で自己負担が3割の場合、自己負担限度額は図表31のとおりです。

事前に申請して「限度額適用認定証」を取得しておくと、医療機関へ支払うのは限度額までで済みます。また、その医療機関での1カ月の支払いが高額療養費の対象とならない場合でも、ほかの医療機関受診の医療費を合算することもできますし、同じ保険内であれば同じ世帯で複数人の医療費を合算することができます。

さらには、直近の12カ月間に3回以上の高額療養費の支給を受けていると、4回目からは上限額が引き下げられる制度があり、リウマチ治療にはこれがとても役

立ちます。高額療養費には貸付や減免制度もあります。

このほか、傷病手当金といって健康保険に加入している人が病気やケガなどのために仕事ができなかった場合に支払われるものもあります。リウマチ歴が長い人では、場合によっては身体障害者手帳の交付を受けて得られる支援制度や介護保険制度を使うことも考えられます。病院では医療ソーシャルワーカーが、クリニックでは医療事務担当者に詳しい人がいますから、まずはそこで尋ねてみると意外な制度が使えることもあります。

夢や希望を実現するオーダーメードの治療

リウマチの好発年齢は30~50歳代ですが、さらに若い世代または高齢者でも発症します。長い人生においてはそのときどきに叶えたい夢や希望も変化します。リウマチと長くつき合っていくためにも、リウマチを発症していなかったときと同じようにそのときどきの夢や希望を諦めないでいてほしいのです。それを叶えるための治療方法は必ずあります。その方法はＳＤＭなどの助けによって、患者と医療者で一緒に探していくことができます。

例えば妊娠・出産など少し先のことを見据えて薬の選択を行っていかなければならないこともあります。少し先の夢や希望があるなら、例えば人生にわたる夢の計画表などをつくって医療者に提示します。同じ夢や希望を早く共有でき、目標をしっかり定められて途中経過を随時評価しながら、目標達成までの時間を早めることもできます。これがリウマチにおける患者自身の人生に寄り添ったオーダーメードの治療です。

妊娠・出産でいうと、私たち医療チーム一丸となって、10年以上も前からリウマチ治療で先行している海外の研究データを基に経験を重ねてきました。今では年間数十人の人が出産に至っています。

妊娠が射程に入っているときは、妊娠しても問題のない薬を使用しますが、もしリウマチの症状が良くないときは、一度タイトにコントロールをしてリウマチが安定した状態で再び妊娠にトライしてもらいます。妊娠・出産の例に限らず、どんな夢・希望にも応えていくには医療者側も常に最新のリウマチ医療のスキルアップをしていくことが必要です。

現代医学（西洋）と伝統医学（東洋）の統合医療

私は大学病院に勤務していた頃から、東洋医学に関心をもっていました。リウマチ治療の世界に革命的なことがどんどん起きている頃でしたから、西洋医学における治療を必死に学んで実践していました。

ただ、一方では西洋医学ではどうしても補いきれないものもあると感じていました。東洋医学の道に進んだ仲間がいたことで、そのようなことを考えることも増えてきました。大学病院の外来で、私が患者の自宅での様子を丁寧に聞くと、帰りに漢方薬局に寄るとか、実は長らく鍼灸院にも通っていたという声が聞かれました。西洋医学だけを看板に掲げていると、漢方や鍼灸も利用しているという情報が医療者になかなか伝わってきません。

西洋医学には西洋医学の、東洋医学には東洋医学の良いところがあります。リウマチ治療の目標は炎症の緩和と骨破壊の抑制なので、そこは最先端の西洋医学の力を借ります。しかし、ちょっとした副作用の症状を抑えたいとき、例えばステロイドを使いたくない人の場合、漢方薬の併用が有効だということを知りました。幸いにも東洋医学に進んだ仲間の協力を得ることができ、私のクリニックでは西洋医学と東洋医学の統合医療を行っています。

寛解後の生活

「Windows of Opportunity＝治療機会の窓」が開いている間に適切な治療を受ければ、関節や骨が損なわれずに寛解導入に至る可能性が高くなります。その期間は発症から約2年間で、それまでに症状がなくなれば、発症以前と同じ生活ができるようになります。

とはいえ、リウマチ治療は消火活動のようなものです。治療機会の窓が開いている間に火元に対してリウマトレックスや生物学的製剤、ＪＡＫ阻害薬で消火活動を行います。火が鎮火すればホースを絞って薬の量を減らしたり、場合によっては消火栓のバルブをしめて治療中止したりすることができます。しかし残り火がまだくすぶっていて、何かのきっかけでまた燃え広がることもあります。その場合はまた消火活動を行わなければなりません。

再燃させないために大切なのは、まずは感染予防です。風邪、インフルエンザ、肺炎のほか、今は新型コロナウイルスもあるため、流行前に早めにワクチン接種を受けるべきです。副作用となりやすい帯状疱疹にも不活化ワクチンがあります。

次に禁煙です。おそらく治療中に指示されるはずですが、寛解したからといって喫煙するのはいけません。炎症を再発させたくなければ禁煙を続けることが大切です。

歯周病や歯肉炎もよくある外因の一つです。気になる症状があれば歯科を受診して治療を進めておきます。また、ワクチンも免疫反応に関わるものなので穏やかな状態に波紋を起こすことはあります。実際に新型コロナウイルスのワクチン接種によってリウマチを発症した、リウマチが悪化したという事例は海外も含めて起きているのは事実です。しかし、まだ現在のエビデンスにおいてはワクチン接種によって重症化・死亡を防ぐことのほうが、ワクチン接種が引き金になって発症・悪化することよりも有効性が高いのです。

こうしたことからも、寛解後の患者が自宅で症状と向き合うには、こわばりや痛み、腫れをこまめにチェックすることが大切です。次のような目安によってセルフチェックをすることができます。

青信号　朝、指にこわばりを感じるがそのうちに消えてしまう
➡それ以上ひどくならなければ次の受診まで待っていてよい
黄色信号　仕事や家事などで無理をしたあとに、関節に痛みや腫れが出た
➡次の受診まで待っていてよいが、疲れるようなときは生活を振り返り、できるだけ負荷がかからないようにする
赤信号　痛みや腫れがある場所に熱感を伴っている
➡炎症の活動性が増しているので速やかに受診する

自分に合った主治医を見つけるには

症状を抑え、寛解を目指していくときにどの病院・クリニックにかかるか迷っているときはまず、急速な進歩を遂げている治療法が常にアップデートされている施設かどうかを見てみます。

リウマチ専門医を標榜していても、古いリウマチ治療では寛解への道は遠くなります。ホームページなどから判断する場合は、医療情報だけでなく、ＳＤＭのように患者をサポートする姿勢がその施設から伝わってくるかどうかも、夢や希望を諦めない治療をするのには大切です。医療費の負担もあるので、それも含めて相談しやすそうな施設かどうかも大切です。また、セカンドオピニオンを受けることによってほかの医師の視点を取り入れ、自身の疾患に関して客観的な意見を聞ける機会をつくることも大切です。

もし近くに希望するような施設が見つからない場合は、少し遠くても、ここなら良いと思った施設に行ってみるとよいと思います。今はオンライン診療も進んでいますし、同じ治療目標を共有できる施設を自宅近くで探してもらえるはずです。人生を諦めない治療につなげるためにも、納得できるところを諦めずに探すべきです。

これからのリウマチ治療とは

画期的な治療薬が登場して以降も、さらなる研究が進んでいます。未来になればなるほど効果の高い薬が登場するのは間違いありません。私のクリニックでは治験を行っているので、それは肌で感じています。生物学的製剤やＪＡＫ阻害薬で、原因物質を遮断することができましたが、これからの薬は遺伝子に直接働きかける方向に向かっていくことは間違いありません。リウマチを元から倒すための治療です。

もう一つは、患者の負担をいかに減らす治療ができるかということです。

まずは経済的な負担です。やはり生物学的製剤、ＪＡＫ阻害薬は薬価が高く、継続して使うには負担がかかります。治療薬選択の際は、無理のない範囲での医療費負担で、いかに効果をあげる薬を選べるかということも大きなポイントです。

ただこの点では、明るい光も見えていて、生物学的製剤やＪＡＫ阻害薬の特許が切れてきて、後発品・後続品も出始めています。価格は先行品の60～65％ほどです。生物学的製剤については「バイオシミラー」という後続品が２０２２年11月現在、３点出ており、これらも治療薬の選択肢に入っています。ＪＡＫ阻害薬の後発品も間もなく承認されるはずです。

そして、もう一つの負担というのは、リウマチになったから、もう今までのような人生は送れないかもしれないという気持ちの負担です。これは進化した治療によって寛解に至ることが増え、身体的には以前と比べたら負担は激減しました。でも、気持ちの負担はどうしてもぬぐいきれないという人はまだまだたくさんいます。夢や希望を諦めずに今までのような人生を送る方法はいくらでもあります。今すぐに治療法を見つけることができなくても、医療者と協力してじっくり探していけばいいのです。

［第５章］

仕事、スポーツ、妊娠・出産、旅行……日常生活を取り戻したリウマチ患者たち16のケース

「ほかに手がない」はあり得ない

リウマチ治療をしながらも、夢や希望、やりたいことを諦めずに自分らしい人生を送っている人たちがいます。年齢も背景もまったく異なる人たちです。患者は一人ひとりいろいろな希望や夢をもっているものです。リウマチ専門医は、その希望を実現するために治療法を考えます。リウマチの症状がコントロールできるようになってきた今、それらの夢や希望をなに一つ諦めることはない、と彼らの体験を通して感じ取ることができるはずです。

カンファレンス（治療やケアの方針を話し合う会議）などで「あの患者さんに尽くす手はないね」という言い方をする医師がいます。でもリウマチ治療の現場においては、私は絶対に良くなる治療方法はあるはずだと言い返します。薬の心配、医療費、毎日の暮らしなど、心配は尽きないはずです。その答えを医療チーム全体で探してアプローチしていくことが本当のリウマチ治療です。

以下の体験談のなかでも、納得いかない治療をしていたものの、主治医を気遣って転院を言い出せなかった例があります。これからの人生を一緒に並走してくれると思えなければ、セカンドオピニオン、転院をすべきです。気遣うべきは主治医ではなく、自分自身です。一緒に「手を尽くしてくれる」医療チームと、彼らのような自分らしい人生を送ってほしいと思います。そして、ここに紹介する人たちの事例から明るい未来を感じてほしいのです。

ケース①　スポーツを続けたい　（20代男性）

陸上部の選手として活躍する高校生の彼は走ることが大好きで選手として良い成績を出し続けていました。2年生のときにリウマチを発症します。治療がなかなかうまくいかず、3年生になるともう走れなくなっていました。けれどそれまでの戦績と学業成績から推薦で大学進学が叶い上京したため、私のクリニックを受診しました。

今後どうしたいのかという希望を聞くと、推薦入学だったため、走れないと退学になってしまうといいます。走ることは切実な目標でした。そして高校時代からの夢だった箱根駅伝をどうしても走りたいという夢ももっていました。

なるべく早く症状をなくしたいということで、生物学的製剤（アクテムラ）を使うことになりました。この薬には自己注射が必要でした。そもそも注射は大嫌いという患者の鍛えぬいた体にはほとんど脂肪がなく、自己注射をすると薬剤が皮下を通る様子がよく見えたというため、慣れるまでは怖かっただろうと想像できます。それでもすぐに良くなり、ほどなく寛解を迎えました。

陸上部にも復帰でき、4年間、ほとんど症状が出ることはありませんでした。厳しい練習にも耐え、いよいよ憧れの箱根へ！というところまでたどり着きましたが、チームは予選会で敗退します。箱根路を走ることはできませんでしたが、最後まで選手として全力を尽くせたと、後悔はない様子でした。

ケース②　仕事を続けたい（30代女性）

彼女の嫁ぎ先は果樹農業を営んでいました。嫁いで以来、子育てもしながら家業を手伝っていました。あるときから急にだるさを感じるようになり、しばしば発熱をするようになり、指の関節にも痛みを感じるようになりました。果樹の世話にも事欠くようになり受診してきました。

当初はリウマトレックスを使いましたが、あまり効果がありません。3世代で暮らす彼女はいつもオーバーワークでした。せっかく良くなりかけても、20kgもあるカゴを一日中運んでいる毎日でしたから、すぐに振り出しに戻ってしまいます。この間も仕事は休めないので、作業の合間に休んでいたら、夫や義母からさぼっているように見られてとてもつらかったといいます。

彼女の希望はとにかく早くリウマチを落ち着けて仕事をすることだったので、次のステップに進むことになったのです。ここで選択したのは生物学的製剤（レミケード）でした。夫の両親と暮らすなか、当初は薬代を心配していました。

レミケードを開始してからほどなくして症状はなくなりました。今でもとても元気に日々の作業も行えているといいます。とはいえ、薬は数年にわたって使い続けています。タイトな治療が行われていた頃は高額療養費制度を活用し、症状が落ち着いてきてからは使用量を減らしたり、投与間隔をできるだけ空けたりしてできるだけ費用がかさまない工夫を一緒にしていき、寛解を維持して今もりんご果樹園の仕事と子育てを頑張っています。

ケース③　バリバリ仕事をこなし、休暇は海外旅行という日々に戻りたい（40代女性）

外資系の会社で総合職として働いていました。女性でも実力さえあれば認めてもらえることがうれしいと、海外出張もこなすバリバリのキャリアウーマンです。

思い切り働いたらしっかり休暇をとって、海外のリゾート地へ旅行するのが趣味でした。ところがリウマチになってしまい、最初に使ったリウマトレックスの効果も思うようにあがらず、通院のため欠勤がちになったことで収入も減り、旅行どころではなくなったと悲しい顔で受診してきたのを覚えています。これからどうしたいのかと聞くと、アクティブに仕事をして、旅行も楽しみたいと答えてくれました。

そこで生物学的製剤（ヒュミラ）を使い、ほどなくして症状はなくなりました。今は再び、キャリアウーマンに戻っています。まだ完全に薬をやめることはできていませんが、当時の半量での使用となっています。落ち込んでいたときの顔がうそのように、発症前の暮らしを取り戻しています。

ケース④　就職したい（20代女性）

彼女は大学1年生のときにリウマチを発症しました。栄養学を学んでいて、将来は管理栄養士を目指していた女性です。初診のときはお母さんと一緒で、リウマチと診断がつくと母子でとても落ち込んでしまいました。特にお母さんはどうしてこの子が、私にどこか悪いところがあったのかと自分を責めていたのが印象的でした。あなたのせいではないと何度も話したことを思い出します。

一度は母子で混乱状態にありましたがそのうちに落ち着きを取り戻し、管理栄養士になるという希望に向かって、治療を開始しました。決め手となったのは生物学的製剤（シムジア）でした。大学には今までどおりに通うことができて、無事に卒業しました。今はメーカーの研究室で働いています。リウマチを経験しても夢を諦めずにいられた、支えてくれた人に恩返しするためにも、何か貢献できたらと、新たな夢ももちました。

ケース⑤　上京して充実した大学生活を送りたい（20代女性）

地方で診療をしている私の友人から、自分の患者に上京して大学生になる人がいるから引き継いで治療をしてほしいと頼まれた女性です。子どもの頃にリウマチを発症して、長く治療を続けていました。症状は良くなったり悪くなったりだったといいます。

治療を引き継いで患者本人と話をしてみると、医療系の大学に通っているというのです。どうしてその道に進んだのか？と聞くと、ずっとリウマチの治療をしてきたから、側にいてくれた医療者に憧れていて、病院で働きたいと思ったと言います。リウマチ医療を行っている者として、こんなにうれしい言葉はありません。

東京に来た環境の変化からか症状の悪化が見られたため、ＪＡＫ阻害薬（リンヴォック）の治療に変更して寛解となりました。そのうえで何か不自由なことはないかと尋ねると、実習もあるので指を使うときに不自由なことがあるということでした。そのため薬は引き続きＪＡＫ阻害薬を使って治療を続ける一方、理学療法士の施術を行うことになりました。最初は上京直後の緊張感もあったとは思いますが、診察を重ねるたびに表情が明るくなって、さらに夢に向かって勉強も頑張っています。

ケース⑥　女優になりたい（20代女性）

この患者も地方に住む医師からの紹介です。自分の患者で娘が東京にいるのだけれど、どうやら娘にもリウマチと思われる症状が出始めたらしいので診てほしいと言われたのがきっかけでした。

「リウマチです」と診断すると、たいていは動揺を隠せないという人が多いなか、彼女は落ち着いていました。リウマチのお母さんを見てきたため、リウマチになったあとの人生が激変してしまうわけではないと分かっていたからです。ごく早期に診断がつき、すぐに治療を始められたのでリウマトレックスのみで症状は落ち着いています。

彼女は学生ですが、アルバイトにも励む一方で女優になりたいという夢ももっています。今度舞台に立てることになった、と報告を受けたときは、スタッフ一同から大きな拍手が沸き起こりました。今も治療を続けながら、さらなる夢に向かって走り続けています。

ケース⑦　自立したい（20代女性）

高校生のときに発症して以来、社会人になった今も治療を続けている女性です。浪人も経験しましたが見事一流大学に合格し、入学してからアルバイトを始めたと聞いていました。生物学的製剤（エンブレル）での治療で寛解となっていました。そのうえで何か治療の希望がありますか?と聞くと、少し治療の間隔を空けたいという申し出を受けました。

症状的には特に変化もなかったので理由を聞きました。すると毎月医療費がかかってしまうのが親に申し訳ないため、高校を卒業してからはアルバイトで医療費を支払っていたというのです。彼女の希望に応えるべく、体調を診ながら薬の種類や量を調整しています。まだ親元にいるのに、こんなふうに自立した考えをもっているのかと感心させられました。年齢を問わず、教えられることばかりです。

ケース⑧　結婚したい（30代女性）

彼女はリウマチと診断がついてすぐにリウマトレックスの治療を開始していました。再診のときには必ず薬が余っていないかどうかを確認しているのですが、彼女の場合、毎回半分は余っているのです。リウマトレックスを飲んだり飲まなかったりしているので当然、効果も出ていません。薬を余らせている場合、高齢者だったら認知機能の低下を疑います。そうでない場合は、性格的にうまく薬の管理ができないかどうかを心配します。彼女は薬の管理ができていないようにはとても見えませんでした。

私には何か話しにくそうなことがあるなと思い、対応を看護師にバトンタッチしました。時間をかけて話すうちに、彼女には結婚したい相手がいるけれどなかなか結婚話が進まないため、心のどこかで赤ちゃんができれば結婚話が進むかもしれない、と思っていることが分かりました。治療薬のリウマトレックスには催奇形性があるため、妊娠を望む場合には使えない薬です。彼女もそのことをよく知っていました。だからこそ、服用に迷っていたのです。スタッフとも話し合いを重ねた結果、まずは症状を抑えることが大切だと気持ちを切り替え、リウマトレックスの治療を改めて行いました。

数カ月の治療ののち、症状が抑えられいったん休薬となりました。その間も体調の確認のため間隔は空けつつも、受診は続けていました。そんなあるとき、彼と結婚が決まったと笑顔で報告してくれたのです。その次には彼女の体についてよく知りたい、と彼も一緒に受診してきました。早く子どもが欲しいので心配なことがあったら相談したいと彼からの申し出を受け、今では彼女と医療チームの二人三脚の治療から三人四脚の治療を行っています。

ケース⑨　子どもが欲しい（40代女性）

ちょうど結婚前後にリウマチを発症した女性です。彼女は治験薬に協力してくれました。その薬がとても効いて早い段階でコントロールをつけられるようになっていました。結婚当初は、子どもはいらないと言っていたのですが、40歳を目前にしてやっぱり子どもが欲しいと気持ちが変わったのです。

それまで催奇形性があるリウマトレックスと生物学的製剤（ヒュミラ）でコントロールしていましたが、妊活を始めるにあたって、リウマトレックスを中止しました。それから約2年、なかなかうれしい報告を聞くことはできませんでした。リウマトレックスを中止しているとコントロールの甘い時期が長くなり、関節症状が強く出始めるようになってきていたため、彼女もまたリウマトレックスを再開したいと言っていたのです。

そのときは10月でした。私はせっかくだから年明けのキリのいいところでリウマトレックスを始めることを提案しました。そうしてそのときは妊娠に影響のないヒュミラを2カ月分処方しました。すると、なんとその年の12月末に妊娠が分かったと電話がかかってきました。これは今でも忘れられない出来事です。

妊娠中、授乳中と子どもに影響のない薬を使いながら過ごし、今でも通院していますが、そのときの男の子が今では待合室で走り回っています。その姿を見るたびに感慨深い思いでいっぱいになります。

ケース⑩　中絶したくない　（30代女性）

元は私の患者でしたが、今は転居に伴い地方に住んでいる女性です。ある日、彼女から久しぶりに深刻そうな声で電話がありました。妊娠したけれども主治医からは中絶を勧められたので相談したいとのことでした。

当時、転居先の病院ではリウマトレックスと生物学的製剤（エンブレル）を使いつつも寛解の状態が続いていました。すでに小学生の子どもがおり、妊娠の計画はなかったものの、どうしても産みたいというのです。詳しく話を聞いてみました。リウマトレックスをいつ飲んで、月経はいつだったかと。聞き取りをしているうちに、妊娠した時期は薬の影響を受けていない時期かもしれないということが分かりました。それを伝え、薬の影響に詳しい都内の専門病院を受診してもらいました。そこでも、確かにその時期は影響が少ないはずと言われ、彼女は妊娠を継続することにしました。

そして数カ月後、無事に元気な赤ちゃんを出産しました。彼女は現在、授乳に影響のない薬を使いながら、子育てを頑張っています。

ケース⑪　介護も趣味も続けたい（50代女性）

20年前に発症したものの、治療とコントロールがうまくいってしばらくの間はアクティブな毎日を過ごしていた女性です。ところが離れたところに暮らすお母さんの介護が始まり、落ち着いていた症状が悪化しました。自宅とお母さんの家を頻繁に行き来し体の負担も相当なものだったことと思います。

彼女はスポーツウーマンでもありましたが、趣味として彫刻もしていました。介護のかたわら気分転換にと趣味にも精を出していましたが、いよいよ彫刻刀が持てなくなったと受診してきたので、生物学的製剤（オレンシア）を使ったところ、それが短期間でとてもよく効きました。再び彫刻刀を手にしながら介護も精一杯続けました。

その後お母さんは亡くなったそうですが、あのとき治療を受けてできる限りのことをしたから後悔はない、とすがすがしい顔でそのときのことを振り返っています。

ケース⑫　山登りをやめたくない（60代男性）

若いときから登山が大好きだという男性です。定年退職を間近に控えた頃、リウマチを発症しました。特に足に症状が強く出て、仕事にも支障が出るようになり、一時は早期退職も考えていたほどです。趣味の登山どころではありませんでした。

リウマトレックスや生物学的製剤（シンポニー）を使い、症状がコントロールできるようになり、無事に定年まで勤めあげることができました。退職後はボランティアをしながら山登りを再開しました。

近くの里山歩きだけでなく、アルプスにも登ってきたと言っては時折、そのときに撮った写真を見せてくれます。リウマチになってもアルプス登山を続けられるというのは、若い世代の人たちにも大きな希望を与えてくれるものです。

ケース⑬　いつもおしゃれでい続けたい（40代女性）

10年前に発症したのち、リウマトレックスでコントロールがうまくいっている女性です。おしゃれが大好きで仕事のほかに雑誌のモデルもしています。

診察のときに私が載っていると掲載誌を持ってきて見せてくれるのですが、どこからどう見てもリウマチ患者には見えません。趣味はランニングでいつも明るくはつらつとしています。手足のレントゲンを撮影してみても、最初の受診のときからまったく骨には変化がなく、骨破壊は進んでいません。リウマチと診断されたときも、治療中でも変わらずにいつもおしゃれで、受診のたびに医療チームのほうが元気をもらっています。

ケース⑭　孫の世話をしたい（70代女性）

私の患者の娘が妊娠を機にリウマチを発症しました。妊娠・出産という時期でもあったので、どうしても薬を使いたくないと治療をしなかった間に2年が経過し、いよいよつらくなったと再び受診してきたときには、かなり進行していました。「治療機会の窓」はすでに閉まりかけています。

ＪＡＫ阻害薬（ジセレカ）を使うことで、今は症状のコントロールはできていますが、治療をしなかった間に膝の関節が壊れてしまいました。母のほうは、娘を心配しながらも自分の治療は続けていたので、現在、症状に苦しむことはまったくありません。

今は娘の育児を手伝っていますが、孫と一緒にいられるのはうれしいといきいきと過ごしています。

ケース⑮　仕事もゴルフも続けたい（60代男性）

会社を経営している男性です。発症は20年以上前で、リウマチの非専門医にかかっていました。私のクリニックを受診したときには関節変形や拘縮を起こしていて、間質性肺炎の合併症もありました。痛みもひどい、体も動かせないと、経営している会社をたたもうかと話していたほどです。思わずどうしてもっと早く来てくれなかったのかと聞くと、そのときの主治医に遠慮して言い出せなかったといいます。

関節の変形を戻すことはできませんが、初診時にひどかった痛みや腫れの症状はリウマトレックスと生物学的製剤（ケブザラ）によってコントロールできるようになりました。症状が落ち着くと、発症前に大好きだったゴルフに行ってきたと報告を受けました。それも練習場ではなく、いきなりコースに出たというのです。「スコアは散々だったが、好きなことができるのはいいこと。関節が曲がったなりの打ち方も編み出している。次はもっとスコアを上げたい」とそれはもう、楽しそうに話してくれました。

一時はたたもうかと思っていた会社も、治療を始めてからは少しずつ続けることができ、その間、別の会社で修業をしていた息子が戻り、引き継いでくれました。

ケース⑯　結婚式では杖なしで歩きたい（50代女性）

私がこの書籍の原稿を執筆している最中だと話したところ、ぜひ自分の話を載せて欲しいと言ってくれた女性がいます。治療が一段落ついたため転院することが決まり、最後に受診した日のことです。

この女性患者は30代半ばでリウマチを発症し、初めは他院で治療をしていましたが効果がなく、杖を使うようになってから私のクリニックを受診しました。当初はリウマトレックスを増量してほかの抗リウマチ薬を併用しながら治療をしていましたが、残念ながら効果が不十分でした。そのため生物学的製剤の追加を勧めましたが、薬の副作用と注射による治療を恐れて導入に踏み切れない状態が続いていました。

50歳を過ぎたとき、突然彼女に転機が訪れました。縁談の話がもち上がったのです。

彼女は、結婚式では杖を使わずに白無垢を着て歩きたいという希望を私に伝えてくれ、これを機に生物学的製剤（エンブレル）を導入してリウマチの寛解を目指すことに決まりました。結果として寛解となり、結婚式では杖を使わずに歩くことができたそうです。後日、そのときの写真をうれしそうに私に見せてくれました。

転院してからの手紙には、彼女が生物学的製剤の導入を考えた直接のきっかけが書かれていました。縁談のことを聞いたときに私が「結婚式の前はいろいろな準備があって大変でしょう。ブライダルのエステとか、バイオとか」と、そして「エンブレルも嫁入り道具ですよ」と話したことで、彼女は「結婚式のためならエンブレルの導入も仕方がない。勇気を出して注射をしよう」と決心したのだそうです。手紙には、エンブレルで寛解となった彼女が転居先でも治療を続け、旦那さまとも楽しく暮らしていることも書かれていました。

おわりに

リウマチかもしれないと初めてクリニックを訪れた人に「リウマチです」と診断結果を伝えると、ほぼ全員がとても悲しい顔をして、なかには涙ぐむ人もいます。診断して治療に入るときこの私にも大きな衝撃として跳ね返ってくるのです。

すぐさま、今はよく効く治療薬があるからこれまでと変わらない生活を送ることはできるし、今ある夢も、これから生まれる夢も叶えることはできるから大丈夫と伝えてあげたいのですが、事実を受け入れるまでに時間がかかるのはよく分かります。診断を受けた帰り道にスマートフォンで検索してみたという人も多いと思います。リウマチかもしれないと思いながら、まだ診察は受けていないという人も、同じように日々、「リウマチ」と入れて検索をしているはずです。

この本は、そんな人にこそ読んでもらいたいと記しました。

「大丈夫ですよ」という医学的な根拠を一刻も早く、そんな人たちの元に届けたいと思っています。リウマチ治療の世界では大きなパラダイムシフトが起こりました。これまでの常識を一気に覆すほどの変化です。有効な治療法がない不治の病から寛解、完治も目指せる病気に変わったのです。にもかかわらず、それがあまりにも知られてはいません。

急速に進歩した治療法は、とても複雑になりました。それなのに、治療のハンドリングは患者と接する個々の医療者に任されています。そしてこの病気は、患者の生活と密接に関わっています。だからこそ、患者と医療者がともに治療をつくっていく協働意思決定（SDM＝Shared Decision Making）の診療体制をできるだけ早く整えるべきで、すでにそれに向けて努力をしている医療者たちも出てきていることを、患者になった人、患者になるかもしれない人にも知ってほしいと考えています。それだけでなく、いろいろと諦めてきたという患者歴の長い人にも、今は何も諦めなくてもよい時代がきたことを伝えたいです。

まずは、あなたのリウマチと伴走できるパートナー（医療者）を見つけて、あなたのやりたいこと、夢、希望をどんどん伝えるべきです。なかなか思いつかないという人は、自分が背負っている役割を伝えてほしいです。家庭での役割、会社や社会での役割、人それぞれです。その役割のなかであなたが何をまっとうしなければいけないのかを話します。それから先にどんなことをしなければならないのか、それはどんなタイミングで実現したいのか……それらを伝えることによって、治療の道筋ができます。道ができれば、あとは安全性が高くて有効な治療を相談しながら見つけていけばよいのです。

意見を出し合いながら治療を進め、一緒に夢を叶えていく姿勢が重要です。患者と医療者がともに歩むことができれば、寛解というゴールに到着するのは早まると、治療を通して実感しています。

まだ研究途上の新薬もたくさんあります。これまでに起きたパラダイムシフト以上のことが再び起きる予感もあります。

患者自身の治療の希望とリウマチ専門医の治療目標を一致させる、すべてのリウマチ患者がそんな考えをもつ医師と巡り会って、完治を目指してほしい——そんな想いを込めて、この本を世に送り出したいと思います。

２０２３年２月吉日

医療法人社団東信会　世田谷リウマチ膠原病クリニック 統括院長　吉田智彦

吉田 智彦（よしだ ともひこ）

医療法人社団東信会　世田谷リウマチ膠原病クリニック 統括院長。日本リウマチ学会専門医・指導医・評議員。日本内科学会認定内科医・総合内科専門医。聖マリアンナ医科大学大学院を卒業後、同大学の付属病院リウマチ膠原病アレルギー内科勤務を経て、２００６年に世田谷リウマチ膠原病クリニックを開院。「膠原病」をクリニック名に冠したのは日本初。２０１８年には父のクリニックを引き継ぎ、東信よしだ内科・リウマチ科に呼称変更。２０２３年２月、組織統合によりフラッグシップクリニックと位置づけた世田谷リウマチ膠原病クリニック新宿本院を開院。本院では、すべてのメディカルスタッフがリウマチ・膠原病の専門知識をもち、現代医学に漢方・鍼灸などの伝統医学を融合して患者に応じたオーダーメード治療を確立している。

関連施設：世田谷リウマチ膠原病クリニック新宿本院／東信よしだ内科・リウマチ科／新宿スカイビル健診テラス／世田谷リウマチ膠原病クリニック祖師谷

本書についての
ご意見・ご感想はコチラ

完治を目指す リウマチ治療

二〇二三年二月二八日　第一刷発行

著　者　吉田智彦
発行人　久保田貴幸
発行元　株式会社　幻冬舎メディアコンサルティング
〒一五一-〇〇五一　東京都渋谷区千駄ヶ谷四-九-七
電話　〇三-五四一一-六四四〇（編集）
発売元　株式会社　幻冬舎
〒一五一-〇〇五一　東京都渋谷区千駄ヶ谷四-九-七
電話　〇三-五四一一-六二二二（営業）
印刷・製本　中央精版印刷株式会社
装　丁　村上次郎

Printed in Japan　ISBN 978-4-344-94156-4　C0047
幻冬舎メディアコンサルティングHP　https://www.gentosha-mc.com/